Inuit Art in the 1970's   L'art inuit actuel : 1970-79

Inuit Art in the 1970's

A travelling exhibition prepared by the
Agnes Etherington Art Centre, Kingston,
and the Department of Indian and Northern Affairs Canada

L'art inuit actuel:1970-79

Exposition itinérante préparée par
l'Agnes Etherington Art Centre, Kingston,
et le Ministère des Affaires indiennes et du Nord Canada

Sculptures, prints and drawings reproduced with the permission of the artists or their co-operatives.

Les sculptures, les estampes et les dessins sont reproduits avec la permission des artistes ou des co-operatives qui sont leurs agents.

Photography ı Photographie
Michael Mitchell, Toronto 1-3, 5-10, 12-45, 47, 48, 51, 53, 54, 55, 64-80, 82, 83
Gerry Locklin, Kingston 4, 11, 46, 56, 81
Canadian Government Photo Centre ı Centre de photographie du gouvernement canadien 49, 50, 52, 57-63

French Translation ı Traduction Française
Creative Language Communications, Kingston

Designer ı Maquettiste
Peter Dorn, RCA, FGDC

Acknowledgements

In preparing for this exhibition, I was given generous access to many collections of Inuit art across Canada. To those concerned — private and corporate collectors, officers of public institutions and art dealers in Vancouver, Victoria, Yellowknife, Calgary, Edmonton, Winnipeg, Toronto, Ottawa and Montreal — I wish to express my appreciation for their time, information and advice.

Collecting documentation on Inuit artworks has always been somewhat problematic. A special thanks to all those people who helped me with my research, and particularly to the artists who spoke about their work.

At the Department of Indian and Northern Affairs, Helga Goetz, Head of the Inuit Art Section, offered support in many ways and initially made it possible for me to undertake this project. Harry Martin has had an important part to play in the logistics of travelling the works.

I would also like to thank Robert Swain, Frances K. Smith, Dorothy Farr and William Muysson of the Agnes Etherington Art Centre and Mr. Peter Dorn of Queen's Graphic Design Unit for their co-operation and assistance in mounting this exhibition. It has been a pleasure to work with them.

Marie Routledge,
Curator, Inuit Art Section
Department of Indian and Northern Affairs

Remerciements

En préparant cette exposition, j'eus ample accès à beaucoup de collections d'art inuit à travers le Canada. Je tiens à exprimer ma reconnaissance à tous ceux qui me donnèrent leur temps, leur information et leurs conseils: aux collectionneurs privés et corporatifs, aux employés des institutions publiques et aux marchands d'objets d'art à Vancouver, Victoria, Yellowknife, Calgary, Edmonton, Winnipeg, Toronto, Ottawa et Montréal.

Rassembler une documentation sur les oeuvres inuit a toujours fait un peu problème. Je remercie tout spécialement tous ceux qui m'ont aidée dans mes recherches, et en particulier les artistes qui parlèrent de leur travail.

Au ministère des Affaires indiennes et du Nord, Helga Goetz, chef de la section d'art inuit, m'offrit son appui de bien des façons et c'est grâce à elle que je pus entreprendre mon projet au départ. Harry Martin joua un rôle prépondérant dans la logistique de déplacement des oeuvres.

J'aimerais aussi remercier Robert Swain, Frances K. Smith, Dorothy Farr et William Muysson du Centre d'Art Agnes Etherington et M. Peter Dorn, directeur d'Art graphique de Queen's pour la coopération et l'aide qu'ils m'accordèrent pour monter cette exposition. Ce fut un plaisir de travailler avec eux.

Marie Routledge
Conservatrice, section de l'art inuit
Ministère des Affaires indiennes et du Nord

Foreword

6

The exhibition *Inuit Art in the 1970's* represents for the Art Centre our first exploration in this area of Canadian culture. It documents the changes and the stabilities in Inuit art during this last decade. It was a decade which saw an increase in the importance of communication in general, of advisors brought in from the south, of the introduction of new techniques and new materials. All of these factors have had some effect upon the art of the Inuit. Beyond demonstrating the adaptability of the Inuk to these changes in his contemporary creative processes, the power of the forms and images testifies to the strength of the spiritual resources in Inuit culture itself so that far from being diluted or emasculated, a continuing creative surge is evident. In presenting this exhibition we are attempting to follow the lead of such scholars as George Swinton in monitoring and documenting the shifts in expression, formal and technical, in the art of the Inuit that contact with southern culture inevitably implies.

We are indebted to the generous collaboration of the Department of Indian and Northern Affairs for the major financial assistance provided and the loan of artworks. Marie Routledge has acted as Curator in the selection of the works and has written the introduction. For this we are most grateful as indeed we are to the Canada Council and the Ontario Arts Council for their support of our programmes. Lastly and most importantly, our thanks is offered to the many lenders and to the artists themselves.

Robert Swain, Director

Avant-propos

L'exposition *L'Art inuit actuel: 1970-79* représente, pour le Centre d'art, notre première exploration de cette facette de la culture canadienne. Elle renseigne sur les changements et les constantes propres à l'art inuit durant les dix dernières années. Durant cette décade, on assista à une amélioration des communications en général, à une présence accrue de conseilleurs venus du sud et à une introduction plus poussée de nouvelles techniques et de nouveaux matériaux. Tous ces facteurs ont eu une certaine influence sur l'art inuit. La puissance des formes et des images démontre d'abord la souplesse de l'Inuk face aux changements apportés aux processus contemporains de création. Bien plus, elle témoigne de la force des ressources spirituelles de la culture inuit elle-même. Celle-ci ne se trouve donc pas diluée ou affaiblie mais plutôt entrainée par un élan créateur continuel. Avec cette exposition nous souhaitons suivre l'exemple donné par des érudits tels que George Swinton qui a suivi et documenté l'évolution de l'art inuit, aussi bien dans l'expression formelle que technique, et étudié l'influence inévitable que la culture du sud a sur elle.

Nous sommes redevables au Ministère des Affaires indiennes et du Nord de sa généreuse collaboration. Il a fourni une importante aide financière et a prêté des oeuvres d'art. Marie Routledge a joué le rôle de conservateur dans la sélection des oeuvres et a écrit l'introduction. Nous leur sommes donc reconnaissants, comme nous le sommes aussi envers le Conseil des Arts du Canada et le Ontario Arts Council, qui ont encouragé nos programmes. Enfin et surtout, nous offrons nos remerciements aux artistes et à tous ceux qui nous ont prêté des oeuvres.

Robert Swain, Directeur

Contents

Table des matières

Notes and Abbreviations

8 Inuit names have been spelled in many different ways. Also, they have expanded as individuals have adopted surnames. An attempt has been made to give the most recent and complete version for each artist. Where it was felt that these names might be difficult to recognize, an older, more familiar spelling or name is included in parenthesis.

In the print catalogue entries, the name of the artist who created the original image precedes the name of the printmaker. When only one name appears, the artist did the cutting and printing. Three names are given in the following order: artist, cutter, printer. An asterisk after the artist's name indicates that is has not been possible to identify the printmaker.

Descriptive titles have been assigned to most of the sculptures and drawings for ease of reference.

Measurements are in millimetres, height by width by depth. Image sizes are given for the prints and drawings.

Signatures are given for all signed works. Syllabics may be translated with the aid of the phonetic table. Wherever possible, the identification of unsigned works has been corroborated by the artist or the original purchaser.

Abbreviations ı Abréviations

INA ı AIN Department of Indian and Northern Affairs Canada
Ministère des Affaires indiennes et du Nord Canada

CES ı SCE Canadian Ethnology Service, National Museum of Man, National Museums of Canada
Service canadien d'Ethnologie, Musée national de l'Homme, Musées nationaux du Canada

NMM ı MNH National Museum of Man ı Musée national de l'Homme

AGO Art Gallery of Ontario

Notes et Abréviations

Les noms inuit ont souvent été orthographiés de diverses façons. En outre certains individus ont adopté des surnoms. On a donc tenté de donner la version la plus récente et la plus complète du nom de chaque artiste. Lorsque ces noms semblaient difficiles à reconnaître, on a inclu entre parenthèses une orthographe ou une appellation plus vieille et plus familière.

Dans les inscriptions du catalogue des estampes, le nom de l'artiste qui créa l'image originale précède celui du graveur. Le nom d'un seul artiste indique que la même personne a gravé la pierre, et imprimé l'image. Quand trois noms sont donnés, ils figurent dans l'ordre suivant: le dessinateur, le graveur, l'imprimeur. Une astérisque suivant le nom de l'artiste signifie qu'il a été impossible d'identifier le graveur de façon certaine.

Des titres descriptifs ont été attribués à la plupart des sculptures et des dessins pour en faciliter la consultation.

Les dimensions sont données en millimètres et indiquent la hauteur, la largeur et la profondeur. La grandeur des images des estampes et des dessins est également spécifiée.

Les signatures sont indiquées pour tous les ouvrages signés. L'écriture syllabique peut être traduite au moyen d'un tableau phonétique. Là où c'était possible l'identification des oeuvres non signées a été confirmée par l'artiste ou l'acheteur original.

Inuktitut Syllabics

▽ ai	△ ee	▷ u	◁ a
∨ pai	∧ pee	> pu	< pa
∪ tai	∩ tee	⊃ tu	⊂ ta
٩ kai	ρ kee	ᗷ ku	ხ ka
ᒉ gai	ſ gee	J gu	し ga
ᒥ mai	Γ mee	⌐ mu	L ma
ᓇ nai	ơ nee	ᒧ nu	ᴾ na
ᔅ sai	ᵕ see	ᒉ su	ᓴ sa
⌐ lai	⌐ lee	ᒧ lu	ᒪ la
ᔦ yai	ᵗ yee	ᔪ yu	ᔭ ya
ᵥ vai	ᐱ vee	ᔫ vu	ᕙ va
ᒪ rai	ᒪ ree	ᑉ ru	ᖅ ra

Syllabiques Inuktitut

The syllabic system is currently being revised. While this version is not the most up-to-date, it does give a more complete range of the symbols traditionally used in signatures.

L'écriture syllabique est présentement en voie de révision. Même si la version utilisées ici n'est pas la plus récente, elle fournit tout de même une gamme plus complète des symboles utilisés traditionnellement dans les signatures.

Introduction

Introduction

10

By all rules, of course, Canadian Eskimo sculpture should have been destroyed years ago. The astonishing thing is that, despite the odds, it now lives a vigorous life. Indeed, you could argue that it is now in its most interesting stage.
Robert Fulford, 'Canadian Eskimo art is showing an unexpected staying power,' *The Toronto Star*, 27 November 1971, p 43.

At present, prospects for the future look dim. Technological, economic, and political factors are threatening the Eskimo with spiritual annihilation ... Our merchandizing policies are encouraging the production of Eskimo art as an industry, and, either because of this, or through sheer lack of sensitivity, public collections have failed to recognize Eskimo artists as artists and their work as authentic art.
George Swinton, *Eskimo Sculpture | Sculpture esquimaude* (Toronto: McClelland and Stewart, 1965), p 217.

The people who began creating this work in 1949 were for the most part still living as Eskimos, albeit in a period of transition and acculturation ... The old motivations for artistic activity had vanished, but not the ability to instill in their new mode of carving an authentic element reflecting their present status as it grows more remote from the traditional way of life. When the Eskimo ceases to be a hunter and to live off the land, his art will become devoid of that unique intimacy with nature on which it has always been based ... Whatever follows after will never again excite and fascinate us to the same degree as did that sudden surge of 'free art' in the Fifties, emanating from the last true hunters of the Eskimo race.
Charles A. Martijn, 'Canadian Eskimo Carving in Historical Perspective,' *Anthropos*, 59 (1964), 576.

En toute logique, la sculpture esquimaude du Canada devrait être disparue. Or, en dépit des obstacles, elle est maintenant d'une surprenante vitalité. On pourrait même avancer qu'elle en est présentement à son stade le plus intéressant.
Robert Fulford, 'L'art esquimau du Canada montre des signes inattendus de permanence,' *The Toronto Star*, 27 Novembre 1971, p 43.

A présent, les prévisions pour l'avenir s'avèrent pessimistes. Des facteurs technologiques, économiques et politiques menacent actuellement l'Esquimau d'anéantissement culturel ... Notre politique mercantile encourage la production d'art esquimau en tant qu'industrie et soit à cause de ça, soit à cause d'un véritable défaut de sensibilité, des musées n'ont pas reconnu les artistes esquimaux comme des artistes et leurs oeuvres comme de l'art authentique.
George Swinton, *Eskimo Sculture | Sculpture esquimaude* (Toronto: McClelland and Stewart, 1965), p 217.

Les gens qui ont commencé à créer ces oeuvres in 1949 vivaient encore, pour la plupart, comme des Esquimaux, même s'ils traversaient une période de transition et d'acculturation ... Les motivations premières de l'activité artistique avaient disparu, mais non l'habileté à marquer un nouveau mode de sculpture au coin de l'authenticité, reflétant ainsi de nouvelles conditions de vie à mesure qu'elle s'éloigne de la façon de vivre traditionnelle. Lorsque l'Esquimau cessera d'être un chasseur et de tirer sa subsistance de son milieu, son art sera dépourvu de cette communion avec la nature qui en a toujours été le fondement ... Quelles que soient les oeuvres subséquentes, elles ne seront jamais aussi excitantes ni aussi fascinantes que le fut dans les années '50, la vague soudaine d'"art libre', qui émanait des derniers véritables chasseurs de la race esquimaude.
Charles A. Martijn, 'Canadian Eskimo Carving in Historical Perspective,' *Anthropos*, 59 (1964), 576.

The nature and future of Inuit[1] art are topics which continue to inspire a wide range of observations and predictions. Since the first sales exhibition of Inuit sculpture at the Canadian Handicrafts Guild in Montreal in 1949, we have witnessed an artistic outpouring from communities across the Canadian arctic that may truly be called phenomenal. Equally remarkable are the conditions out of which this art springs, for contemporary Inuit art has its roots in the economic necessities of a culture in transition. In the early 1950's, factors were such that, across the north, an increasing number of Inuit began to move off the land and into settlements. Within this new situation, it became imperative to develop varied means by which individuals could support themselves and their families. Inspired by the success of the Handicrafts Guild sale, the Canadian government undertook to initiate arts and crafts projects to meet some of these needs. That Inuit were encouraged to draw a livelihood from their cultural heritage, not only resulted in an outburst of original works of art, but also gave them an opportunity to record a disappearing way of life on the land.

For both scholar and collector, this state of transition has inspired a number of crucial questions: can we really call Inuit sculpture and prints true art forms when their existence has depended largely on promotion and development generated from outside the culture? If this work constitutes a valid artistic expression, how long will it remain so, given that culture from which it draws inspiration is being assimilated and altered by our own society? A number of writers have provided insight into these questions.[2] According to most of them, we are dealing with a valid artistic manifestation, but, as the introductory citations would indicate, thoughts on the direction of Inuit art have often been coloured with misgivings or at least amazement that the art continues to exist.

Initially this exhibition was intended to be something quite different from what it has become. In the first months of research, it was noted that a kind of nostalgia for the early years, that is, the 1950's and 1960's, seemed prevalent among a large portion of the followers of Inuit art. The corollary of this thought — that the work of the 1970's is the work of a declining movement — is in keeping with the general approach to the future of Inuit art. At the same time, discussions with a number of Inuit artists and a review of some of the major works of this decade suggest that such judgements are not altogether correct in their assessment of current trends. These commonly held views have, perhaps, coloured our perceptions of the art of this decade.

In drawing from a number of public and private collections across Canada, the aim of this exhibition is to present an overview of Inuit art in the 1970's. While it comprises examples

La nature et l'avenir de l'art inuit[1] sont des sujets qui continuent de susciter un vaste éventail de remarques et de prédictions. Depuis la première exposition de vente de la sculpture inuit à la *Canadian Handicrafts Guild* de Montréal en 1949, on a assisté à un débordement artistique, que l'on peut vraiment qualifier de phénoménal, dans les diverses communautés de l'arctique canadien. Tout aussi remarquables, sont les conditions qui ont donné naissance à cet art, car l'art inuit contemporain se fonde en effet sur les nécessités économiques d'une culture en voie de transition. Au début des années '50, partout dans le nord, les circonstances étaient telles qu'un certain nombre d'Inuit commencèrent à quitter leur vie nomade pour s'installer dans des villages. Devant cette nouvelle situation, il a fallu de toute urgence développer divers moyens afin de permettre aux gens de subvenir à leurs propres besoins et à ceux de leur famille. Encouragé par le succès de la vente à la *Handicrafts Guild*, le gouvernement canadien entreprit de créer des projets d'art et d'artisanat pour répondre à certains de ces besoins. Les Inuit furent donc encouragés à tirer profit de leur héritage culturel, ce qui amena non seulement une explosion d'oeuvres d'art originales, mais leur donna aussi l'occasion de consigner un mode de vie en voie de disparition.

Pour l'érudit aussi bien que le collectionneur, cette période de transition a suscité bon nombre de questions cruciales. Peut-on réellement considérer la sculpture et les estampes inuit comme des formes d'art véritables, alors que leur développement et leur évolution sinon leur existence même ont été en grande partie suscités par des influences extérieures à la culture qui les a produites? Même si cette production constitue une expression artistique valable, saura-t-elle survivre longtemps, si la culture qui l'inspire est en voie d'être transformée et assimilée par la société canadienne? Plusieurs auteurs se sont penchés sur ces questions.[2] Selon la plupart d'entre eux, on se trouve devant une manifestation artistique valable, mais, comme le laissent entendre les citations du début, les opinions sur l'orientation de l'art inuit sont faussées par l'hésitation et l'étonnement que l'on éprouve devant la ténacité de cet art.

Cette exposition a pris une forme tout à fait différente de celle prévue initialement. Au cours des premiers mois de la recherche, il était évident que bon nombre d'amateurs éprouvaient une sorte de nostalgie des premiers âges de l'art inuit, c'est-à-dire les années '50 et '60. En conséquence, on perçoit les oeuvres des années '70 comme le fruit d'un mouvement en décadence; une telle attitude se rattache à la conception généralement pessimiste que l'on adopte devant l'avenir de l'art inuit. Cependant, des discussions avec plusieurs artistes inuit et une réévaluation de quelques-unes des oeuvres majeures de cette décennie tendent à démontrer que de tels jugements ne sont pas tout à fait justes quant à l'interprétation des tendances actuelles. Ces opinions fréquemment exprimées ont peut-être faussé les perceptions de l'art des années '70.

of the work of seventy-two artists from twenty different communities in the Northwest Territories and Arctic Quebec, the exhibition is not intended to be a rigorous survey. It is hoped that, by focusing on a representative selection of sculptures, prints and drawings, it will give some insight into a few of the important artists and aspects of Inuit art in this decade. The views on the future of Inuit art previously discussed have acted as a catalyst in the conception of the exhibition, but they are not its central issue. Much still needs to be done to document thoroughly the work of individual artists and the forces which have influenced their art. At this time, however, it is possible to make some preliminary explorations.

By the end of the 1960's, the general character and history of Inuit sculpture had been defined and a number of major artists identified. This was confirmed by the 'Sculpture ı Inuit' exhibition of 1971-73,[3] in which we can identify some of the principal subjects and styles that have emerged. Symbolic mother-and-child groups, commanding spiritual or mythological representations, powerfully executed animal forms and imaginative bird studies dominate this body of work. Single and group figure studies and delicately carved ivories are also common, along with constructions, works which combine a number of different materials to create a scene, often of daily life.

A stylistic review reveals the diversity of the art. In some pieces, the essential and often abstract elements of the forms are emphasized. With others, the concern is for the intricate and sometimes surprising detailing of object and surface. Overall, a sense of confidence is evident in the working of the materials. This confidence is manifested in the strength and humour, the subtle forms and balances imparted to the sculpture.

Traditional Inuit life is still the subject of most of the art in the 1970's and the generally established styles remain evident. A number of works in this current exhibition could easily have been incorporated into 'Sculpture ı Inuit.' One-third of the artists represented here were included in the earlier exhibition, which adds to this continuity.[4] Also demonstrated is the strength of established modes and the importance given to them, even in the face of a radically changed way of life.

Occasionally, the modern world appears, as in George Arlook's, *Man on Skidoo* (9) and Charlie Panigoniak's, *Guitarist and Dancer* (23), but even these have precedent in the 'Sculpture ı Inuit' exhibition. References to contemporary life are, however, relatively few, revealing perhaps a conscious effort to exclude the objects and events of western society and to concentrate on the past. The question arises: is this tendency due to the artists' own preferences, to the influences of their various advisors, to the responses of those who buy their work, or to a combination of all these factors?

Plusieurs collections publiques et privées du Canada ont permis de faire de la présente exposition une vue d'ensemble de l'art inuit des années '70. Cette exposition ne se prétend pas exhaustive bien qu'elle ait attiré la participation de soixante-deux artistes originaires de vingt communautés des Territoires du Nord-Ouest et du Nouveau-Québec. Cet éventail de sculptures, d'estampes et de dessins les plus représentatifs de l'art inuit permettra de mieux faire connaître certains artistes importants et de faire mieux apprécier les multiples facettes de leur art en cette décennie. Les opinions au sujet de l'avenir de l'art inuit, mentionnées plus tôt, ont servi de catalyseur dans la conception de cette exposition, sans en constituer toutefois le propos principal. Il reste beaucoup à faire pour étudier à fond le travail d'artistes particuliers ainsi que les forces qui ont influencé leur art. On peut tout de même tenter dès maintenant quelques explorations préliminaires.

A la fin des années '60, la nature et l'histoire de la sculpture inuit avaient été définies dans leurs grandes lignes et un certain nombre d'artistes majeurs avaient été indentifiés. C'est ce qui confirma l'exposition 'Sculpture ı Inuit de 1971-73,[3] qui permet d'identifier certains des principaux thèmes et de dégager des styles qui se sont imposés. Des groupes symbolisant la mère et l'enfant, des représentations impressionnantes de thèmes spirituels et mythologiques, des formes animales exécutées de main de maître et des études d'oiseaux originales dominent l'ensemble de ces travaux. Des études d'individus et de groupes et des objets d'ivoire délicatement ciselés sont également courants, de même que des constructions, c'est-à-dire des oeuvres qui combinent plusieurs matériaux dans le but de créer une scène représentant, souvent la vie quotidienne.

Un examen du style révèle la diversité de cet art. Dans certaines oeuvres, on accentue les éléments essentiels, souvent abstraits, des formes. Dans d'autres, on se soucie davantage de détailler avec soin, et d'une façon parfois inattendue, l'objet et sa surface. Dans l'ensemble, le travail des matériaux témoigne d'un sentiment de confiance en soi qui se manifeste dans la vigueur et l'humour, la subtilité et l'équilibre des formes données à la sculpture.

Le thème principal de l'art inuit dans les années '70 est toujours le mode de vie traditionnel et les styles déjà établis demeurent prédominants. Un bon nombre des oeuvres qui font partie de l'exposition actuelle auraient pu facilement être incorporée à 'Sculpture ı Inuit'. Un tiers des artistes représentés ici participait à la première exposition; la continuité entre les deux expositions est donc assurée.[4] La force des styles établis et l'importance qu'on leur accorde ressort clairement en dépit des changements radicaux apportés au mode de vie des Inuit.

Le modernisme apparaît à l'occasion, comme dans *Homme assis sur un skidoo* (9), de George Arlook, et *Guitariste et danseur* (23), de Charlie Panigoniak, mais on les retrouvait également dans l'exposition 'Sculpture ı Inuit'. Les allusions à la vie moderne sont toutefois assez rares, ce qui reflète peut-

Mature artists who have lived part of their lives on the land have expressed verbally, as well as in their art, a nostalgia for a remembered way of life now disappearing. Kiawak Ashoona has said of his sculpture, *Woman Holding Fish* (45):

I was thinking of the old days at camp when the women would slip their amautiqs down in that manner to avoid getting grease or some other soil on [them] when they were doing certain sorts of work like cleaning skins or scraping fat.[5]

His brother, Qaqaq Ashoona, has commented that he, too, often derives inspiration from the experiences of his youth. His *Bust of Woman with Racquet* (40) is a reminder of *ajuktaut,* 'a game I used to play in my youth, like hockey, but you throw the ball'.[6] With less experience of the old days, the younger artist may then be relying greatly on a collective memory of the past for his inspiration.

What, then, distinguishes Inuit sculpture of the Seventies from its predecessors? Returning to the works of Kiawak and Qaqaq, one senses that the artists were acutely conscious of the manner in which they composed their pieces. Qaqaq uses the dramatic placement of the woman's arm and racquet to frame her face. Kiawak has worked his stone in such a way that a change in colour inherent in the stone demarcates the woman's *amautiq* from her skin. He also emphasizes the curving forms of her body and clothing by contrasting them with a precise, angular hair style. These artists are professionals and they approach their art with an awareness of themselves as such. As Qaqaq explains:

When I'm carving, I sort of walk around the stone just to see which way it would look better — which way it would turn out best. Yes, I get the idea for the carving from the stone. Before I start carving, I just look at it for a while — sort of like draw it with my eyes to see what I will carve. Some people, they look at it and decide as they go along. But me, I look at it and sort of draw it with my eyes. After I have done that, I start to carve.[7]

In earlier periods, the confidence and vigour of the work seemed primarily intuitive, bearing witness to an intimate knowledge of the subject. A developing consciousness of being an artist, of composing sculptures, sets apart certain artists and their art in the 1970's.

With this in mind, we note that a number of artists have chosen subjects which lend themselves to 'tour-de-force' carving. Davie Atchealak's *Drummer* (18) combines both the challenge of portraying the semi-nude body and the difficulties of working in brittle whalebone. As he commented, 'carving in this way is not for beginners.'[8] Quvianatuliak Takpaungai's *Nude Male Figure* (38) has similar aims. In doing his first nude,

être un effort conscient d'exclure les objects et les événements propres à la société occidentale afin de se concentrer sur le passé. Cette tendance est-elle due aux préférences des artistes eux-mêmes, à l'influence de leurs divers conseillers, aux réactions de ceux qui achètent leurs oeuvres ou à une combinaison de tous ces facteurs?

Les artistes d'un certain âge qui ont mené une vie en grande partie nomade ont exprimé en paroles, aussi bien que dans leur art, la nostalgie d'un mode de vie presque disparu, et dont ils gardent le souvenir. Kiawak Ashoona a dit à propos de sa sculpture *Femme tenant un poisson* (45):

Je pensais aux campements d'autrefois, lorsque les femmes enfilaient leur amautiq de façon à éviter les taches de graisse ou autres saletés lorsqu'elles faisaient certains travaux, comme nettoyer les peaux ou enlever la graisse.[5]

Son frère, Qaqaq Ashoona, a expliqué qui lui aussi s'inspirait souvent des expériences de sa jeunesse. Sa *Buste de femme avec raquette* (40) rappelle l'*ajuktaut,* 'un jeu auquel je m'adonnais dans ma jeunesse, comme le hockey, sauf qu'on lance une balle'.[6] Il est possible que le jeune artiste, moins au fait des moeurs d'autrefois, doive plutôt trouver son inspiration dans la mémoire collective du passé.

Qu'est-ce qui distingue alors la sculpture inuit des années '70 de celle des années précédentes? Devant les oeuvres de Kiawak et de Qaqaq, on se rend compte que les artistes ont élaboré leurs pièces avec une conscience aiguë de la technique utilisée. Chez Qaqaq, la figure de la femme est encadrée par la disposition du bras et de la raquette. Kiawak a travaillé sa pierre de façon telle que la couleur inhérente à la pierre différencie l'*amautiq* de la peau. Il accentue également les courbes du corps et des vêtements en les opposant à la forme précise et anguleuse de la coiffure. Ces artistes sont des professionnels et c'est en se considérant comme tels qu'ils abordent leur art. Comme l'explique Qaqaq:

Lorsque je sculpte, je fais pour ainsi dire les cent pas autour de la pierre, juste pour voir quel serait son meilleur angle — quel serait l'angle le plus avantageux à travailler. Oui, l'idée de la sculpture me vient de la pierre. Avant de commencer à tailler, je ne fais que la regarder pendant un certain temps — comme si je dessinais dessus avec mes yeux pour voir ce que je vais sculpter. Il y en a qui la regardent et décident au fur et à mesure qu'ils avancent. Mais moi, je la regarde et je dessine dessus, pour ainsi dire, avec mes yeux. Après, je commence à sculpter.[7]

Dans les périodes antérieures, l'impression d'assurance et de vigueur qui se dégageait de l'oeuvre semblait fondée surtout sur l'intuition et témoignait d'une connaissance intime du sujet. Ce qui, dans les années '70, distingue certains artistes et leur art, c'est le sentiment grandissant d'être un artiste et de vraiment contrôler sa création.

Quvianatuliak has indicated that he was concerned not only with the problem of carving out the contorted limbs without breaking them, but also with the need to have the figure's facial expression match the tension of his body.[9] Another example of this kind of sculpture is the *Woman Stretching a Boot* (39) by Mososee Kolola of Lake Harbour. Kolola has attempted here to fuse a number of elements. As much movement as possible has been introduced to the stance of the woman and the precarious position of the nude child. The underside of the stretched boot, the woman's braids and the upturned rear flap of her *amautiq* have all been carefully undercut to increase further the viewer's amazement at the skill displayed in the work. However, there are inconsistencies: the woman's face is only sketchily modelled and, for all its intensity, the movement does not seem to be an integral part of the subject. It is apparent, then, that the artist has allowed certain aspects of the problem of working the stone to overwhelm the sculpture.

Another important factor in the changes of the Seventies has been the availability or unavailability of materials. Stone has been the primary material of contemporary sculpture and, to a certain extent, both the kind used and the style in which it is worked have been readily identified in terms of a community or regional character. Where stone is colourful and can be polished to a high degree, such as the various green stones of the Baffin and Belcher Islands, artists have integrated these qualities into their work. *Bear Head* (37) by Nuveeya Ipeelee, *Musk Ox* (32) by Simon Qamanirq and *Janus Head* (11) by Charlie Kittosuq are notable for their refinement of the surface of these stones. Sheokju Oqutuq (26) has commented that he likes his work well finished. Particularly in the last 5 years, his green stone loons have become more delicately carved and highly polished. To achieve this effect, he uses a number of saws, files, and various polishing materials such as 'Comet' cleaning powder.[10] With the black and grey stones, such as those used in the communities of Baker Lake, Rankin Inlet and Eskimo Point, it is often the roughness and mass of the stone itself that are emphasized or the detailing of the subject. With the grey stones, including those used in Arctic Quebec, the surface lends itself to the incised line. Nicholas Irquookee's *Totem Faces and Beast* (4) and Davidialuk Ammitu Alasuaq's *Hunter and Mermaid* (28) have a distinctly graphic quality.

C'est dans cette optique qu'un certain nombre d'artistes ont choisi des sujets qui se prêtent à un tour de force en matière de sculpture. Dans *Le Tambour* (18), de Davie Atchealak, on retrouve à la fois le défi de représenter un corps à demi nu et les difficultés inhérentes au travail de l'os de baleine, vu sa fragilité. Comme il l'a expliqué lui'même, 'ce genre de sculpture n'est pas pour les débutants'.[8] *L'Homme nu* (38), de Quvianatuliak Takpaungai, poursuit les mêmes objectifs. A propos de son premier nu, Quvianatuliak a souligné que les deux plus grandes difficultés résidaient dans le fait de sculpter des membres tordus sans les briser, et de rendre l'expression faciale du personnage en accord avec la tension du corps.[9] *La Femme étirant une botte* (39), par Mososee Kolola, de Lake Harbour, constitue un autre exemple de ce genre de sculpture. Kolola a tenté ici de fusionner plusieurs éléments. Il a communiqué autant de mouvement que possible à l'attitude de la femme et à la position précaire de l'enfant nu. L'envers de la botte étirée, les tresses de la femme et le dos retourné de son *amautiq* ont tous été minutieusement taillés, augmentant ainsi l'étonnement du spectateur devant l'adresse manifestée dans l'oeuvre. Il y a cependant des inégalités: le visage de la femme n'est qu'esquissé et le mouvement, malgré toute son intensité, ne semble pas faire partie intégrante du sujet. Il semble donc que l'artiste, devant une pièce difficile à travailler, ait laissé certains défauts techniques envahir la sculpture.

Un autre facteur important a contribué au changement survenu dans les années '70, et c'est la disponibilité des matériaux. Le matériau principal utilisé dans la sculpture contemporaine a été la pierre et, jusqu'à un certain point, le genre de pierre utilisée de même que la manière dont elle a été travaillée identifient les oeuvres par rapport à une communauté ou une région données. Là où la pierre est colorée et peur-être polie à un très haut point, comme les diverses pierres vertes des îles Baffin et Belcher, les artistes ont intégré ces qualités à leur oeuvre. *Tête d'ours* (37), de Nuveeya Ipeelee, *Boeuf musqué* (32), de Simon Qamanirq, et *Tête de Janus* (11), de Charlie Kittosuq, sont remarquables par le polissage raffiné exécuté sur ces pierres. Sheokju Oqutuq (26) a expliqué qu'il aimait soigner la finition de ses pièces. Depuis les 5 dernières années en particulier, ses plongeons de pierre verte sont taillés avec plus de délicatesse et polis avec plus de soin. Pour obtenir ce résultat, il utilise un certain nombre de scies et de limes ainsi que divers accessoires de polissage, comme la poudre à récurer 'Comet'.[10] Quant aux pierres noires et grises, comme celles que l'on utilise dans les communautés de Baker Lake, Rankin Inlet et Eskimo Point, c'est souvent la grossièreté et la masse de la pierre elle-même qui est mise en valeur ou encore les détails du sujet. Pour ce qui est des pierres grises, y compris celles que l'on utilise au Nouveau-Québec, leur surface plane se prête bien à la gravure. *Figure de totem et bête* (4), de Nicholas Irquookee, et *Le chasseur et la sirène* (28), de Davidialuk Ammitu Alasuaq, possèdent une incontestable qualité graphique.

The degree to which the type of stone used affects style may be studied in the example of Gjoa Haven, a community with a relatively short history of sculpture. The first exhibition of work from Gjoa Haven was presented in 1974.[11] *Head with Goggles* (15), attributed to Simon Kirnik is from that collection. The sculpture is roughly finished with file marks still evident. Simon was unwilling to confirm the attribution of this particular piece from a photograph, but he has commented that this kind of stone was very difficult to carve.[12] In a recent revival of the arts and crafts program, the Government of the Northwest Territories has imported a milky green stone from British Columbia. *Conversation* (47) by Mary Akshalik shows the new interest in polished surfaces and smooth, rounded forms, made possible by the new material.

The effects of shortages or restrictions have manifested themselves elsewhere. Problems in obtaining stone in Baker lake encouraged the use of caribou antler in the mid-Seventies. Luke Iksiktaaryuq, for one, used the natural forms to advantage in his human and spirit figures (20). Shortages and embargoes have limited the use of ivory in recent years. Philip Koonak Pitseolak of Pond Inlet once worked primarily in ivory. His *Musk Ox Horns with Narwhals and Walrus* (25), made of a set of musk ox horns and whalebone, combines the earlier tradition of incising with the recent search for alternate materials.

The first Spence Bay sculptures in whale bone appeared in 1968. As the federal arts and crafts officer documented,[13] the quality was such that a project to collect whale bone from the surrounding lands was initiated to ensure the continuation of the Spence Bay project. Over the next five to six years, there emerged from the community a number of major artists who used the natural shapes and textures of the bone to enhance their images. They are here represented by Igjookhuak (3) and Karoo Ashevak (12). The bone with its varying textures — hard and smooth on the outside and spongy inside — lends itself to interesting experiments. These surfaces offer sharp contrasts which enhance the drama of the supernatural images.

Whale bone sculptures also emerged from other communities such as Pangnirtung and Igloolik. *Composition with Animals and Birds* (7) by Victor Aqatsiaq is a good example of the use of natural forms to impart variety and a sense of movement to a work. Today, however, fewer sculptures in this medium are seen. The implementation of various international regulations, in 1972 and 1974, has restricted the importing and exporting of the products and parts of whales and other endangered species.[14] As the best bone for carving is weathered and fossilized, the source has been the remains of prehistoric Thule village sites. Growing fears of Canadian archaeologists for the destruction of those sites have also played a part in reducing its use.[15]

Jusqu'à quel point le genre de pierre utilisée affecte-t-il le style? La communauté de Gjoa Haven, où l'histoire de la sculpture est relativement récente, constitue un exemple facile à étudier. La première exposition de travaux provenant de Gjoa Haven eut lieu en 1974.[11] *Tête portant des lunettes à neige* (15), attribuée à Simon Kirnik, en faisait partie. La sculpture est grossièrement finie et les marques de lime sont évidentes. Simon n'était pas disposé à confirmer, sur présentation d'une photographie, qu'il était bien l'auteur de la pièce en question, mais il a mentionné que ce genre de pierre était difficile à tailler.[12] Lors d'une reprise récente de son programme d'art et d'artisanat, le gouvernement des Territoires du Nord-Ouest a importé une pierrre vert pâle de la Colombie-Britannique. *Conversation* (47), de Mary Akshalik, démontre l'intérêt nouveau porté aux surfaces polies et aux formes lisses et arrondies, intérêt rendu possible par ce nouveau matériau.

Les effets de la pénurie ou des restrictions se sont manifestés en d'autres endroits. A Baker Lake, vers le milieu des années '70, il était difficile de se procurer de la pierre, ce qui encouragea les artistes à utiliser le bois de caribou. Luke Iksiktaaryuq, pour n'en nommer qu'un, a tiré parti des formes naturelles dans ses représentations d'humains et d'esprits (20). Ces dernières années, la pénurie et l'embargo ont limité l'emploi de l'ivoire. Il fut un temps où Philip Koonak Pitseolak, de Pond Inlet, travaillait surtout l'ivoire. Son *Cornes de boeuf musqué avec narvals et tête de morse* (25), fait dans une paire de cornes de boeuf musqué et dans un os de baleine, réunit dans une même oeuvre la tradition ancienne de la gravure et la recherche récente de matériaux de remplacement.

Les premières sculptures d'os de baleine de Spence Bay virent le jour en 1968. Comme l'a rapporté un agent du programme d'art et d'artisanat,[13] leur qualité était telle que l'on organisa une cueillette d'os de baleine pour assurer la poursuite du projet de Spence Bay. Pendant les cinq ou six années suivantes la communauté a vu se développer plusieurs artistes majeurs qui utilisaient les formes et les textures naturelles de l'os pour mettre leurs images en valeur. Ils sont ici représentés par Igjookhuak (3) et Karoo Ashevak (12). L'os, avec ses diverses textures — dure et lisse à l'extérieur et spongieuse à l'intérieur — se prête bien à des expériences intéressantes. Ces surfaces offrent des contrastes frappants qui mettent en valeur l'aspect spectaculaire des représentants surnaturelles.

Les sculptures d'os de baleine se sont aussi apparues dans d'autres communautés, comme Pangnirtung et Igloolik. *Composition d'animaux et d'oiseaux* (7), de Victor Aqatsiaq, illustre bien comment les formes naturelles sont utilisées pour apporter de la variété et communiquer une impression de mouvement à une oeuvre. De nos jours, toutefois, on voit moins de sculptures taillées dans ce matériau. L'application de divers règlements internationaux, en 1972 et en 1974, a restreint l'importation et l'exportation des objets faits à partir de la baleine ou d'autres espèces menacées.[14] Comme l'os le plus

For the most part, the Inuit sculptor does not have a great choice of materials. The relative isolation in which he works and the problems of stone quarrying and shipping confine him almost entirely to what is available locally or regionally. Often, when a new material is introduced, new styles and artists emerge. This adaptability is one of the qualities of contemporary Inuit artists. Today, for example, Spence Bay artists, like those in Gjoa Haven, are also being supplied with stone imported from British Columbia. *Sedna* (48) is by a young artist, Maudie Okhitook, who is working in the new medium.

Since the 1950's, Inuit sculptures have become larger. To some degree, materials and commercial considerations are governing factors. Examples of sculptures reflecting these influences are evident in the 1970's. As interest in whale bone grew after the mid-Sixties, some artists began to incorporate its inherently large scale into their compositions. Improved quarrying methods have made oversize stone blocks accessible, and a number of artists, including Pierre Karlik,[16] have received major commissions for carving monumental works from these massive stones. Others continued the trend on their own initiative. Today, while both miniature and monumental works are evident, marketability has limited overall size to a suitable range.

In studying Inuit sculpture of the 1970's, we find that, while work continues in the familiar modes of earlier decades, practical considerations, technical experience, and a growing artistic consciousness have brought about some important developments. These patterns and changes are mirrored in Inuit graphics, in the prints and drawings of the 1970's.

Historically, the introduction of printmaking has provided a further means of strengthening Inuit self-sufficiency. An account of its development is provided in the catalogue for 'The Inuit Print', pendant exhibition to 'Sculpture / Inuit.' As outlined,[17] experimentation in various media began in Cape Dorset in the late 1950's with the guidance of James Houston, who took up the post of government administrator there to pursue his interest in the community's growth as an art center. In the initial years, certain characteristics were mapped out. Use of stonecut and stencil techniques became dominant. The prints themselves are usually the result of a joint effort, combining the graphic creativity of the artist and the technical skills of the printer. While everywhere traditional subjects are popular, distinct styles and imagery have become and continue to be associated with each of the five major centers: Cape Dorset,

approprié pour la sculpture est celui qui a été exposé aux intempéries et fossilisé, on se servait à même les restes des site préhistoriques des villages de Thulé. L'appréhension grandissante des archéologues canadiens, soucieux de la préservation de ces sites, a aussi contribué à en réduire l'utilisation.[15]

La plupart du temps, le sculpteur inuit ne possède pas un grand choix de matériaux. L'isolation relative dans laquelle il travaille et les problèmes relatifs à l'extraction et à l'expédition de la pierre le confinent presque entièrement à ce qui est disponible sur place ou dans la région. Souvent, l'introduction d'un nouveau matériau fait surgir de nouveaux styles et de nouveaux artistes. Cette faculté d'adaptation est l'une des qualités des artistes inuit contemporains. De nos jours, par exemple, les artistes de Spence Bay, comme ceux de Gjoa Haven, reçoivent eux aussi de la pierre importée de Colombie-Britannique. Pour *Sedna — esprit marin* (48) la jeune artiste Maudie Okhitook, a utilisé ce nouveau matériau.

Depuis les années '50, les sculptures inuit sont devenues plus grosses. Jusqu'à un certain point, les matériaux et les considérations commerciales ont été des facteurs déterminants. On trouve facilement, dans les années '70, des exemples de sculptures qui reflètent ces influences. Au fur et à mesure qu'augmentait l'intérêt pour l'os de baleine, après le milieu des années soixante, certains artistes commencèrent à exécuter des compositions qui en exploitaient les proportions imposantes. L'amélioration des méthodes d'extraction a rendu possible la production de blocs de pierre de plus grandes dimensions et un certain nombre d'artistes, dont Pierre Karlik,[16] ont reçu des commandes importantes pour l'exécution de sculptures monumentales à même ces pierres massives. D'autres ont suivi la tendance de leur propre chef. De nos jours, même si l'on trouve aussi bien des oeuvres minuscules que monumentales, les besoins de la mise en marché ont maintenu la production dans des limites de grandeur raisonnables.

Lorsqu'on étudie la sculpture inuit des années '70, on constate que, tandis que le travail continue d'être exécuté selon les modes familiers des décennies précédentes, les considérations d'ordre pratique, l'expérience technique et une conscience artistique grandissante ont amené une évolution importante. Ces tendances et ces changements se reflètent dans les graphiques, les estampes et les dessins inuit des années '70.

Historiquement, l'introduction de la gravure a fourni aux Inuit un moyen de plus pour garantir leur indépendance économique. Le catalogue de 'L'Estampe inuit,' exposition annexe de 'Sculpture / Inuit' retrace l'évolution de cette forme d'art. Comme on mentionne dans ce catalogue,[17] on commença à expérimenter avec diverses techniques d'impression à Cape Dorset, à la fin des années '50. James Houston, qui y assumait le poste d'administrateur gouvernemental et qui s'intéressait

Povungnituk, Holman, Baker Lake, and Pangnirtung. Cape Dorset, for example, is known for bird imagery, which can be humourous, fanciful or naturalistic. Povungnituk prints usually reveal the shape of the stone block from which the image was pulled. Baker Lake work is often identified by its violent imagery, bold use of colour, and fine linear qualities.

To a great extent, the structure of each print shop plays a central inherent role in the definition of its art. Style is both a reflection of the original drawing and the technical strengths of the printer. Several factors come into play in the operation of a successful print program. As noted in *The Inuit Print,*[18] the continued support and encouragement of advisors, instructors, and involved marketing agencies has been essential to these centers otherwise isolated from a print tradition. The degree to which these forces have influenced the character of the annual collections is difficult to measure.

Often the stimulation brought by a new advisor or a special workshop has introduced fresh approaches and qualities to the works. These events occur, however, within an overall continuum, established early in the development of print making and still very much evident in the 1970's. A number of the co-operative advisors have made longstanding commitments to their programs, notably, Terry Ryan in Cape Dorset, Father Tardy in Holman, and Jack and Sheila Butler in Baker Lake. The Canadian Eskimo Arts Council, an advisory body composed of professionals from the Canadian art world, has provided continuing assistance and advice to the Inuit artists in technical and commercial matters.

By 1969 print centres were operating in three communities: Cape Dorset, Povungnituk, and Holman. The first catalogued editions were released in 1959, 1962 and 1965 respectively. A statistical review of graphic techniques employed over the years shows that, while stencil and copperplate engraving continue to be important as working media, the stonecut remains foremost. In Cape Dorset over the last twenty years, only nine stonecutter I printers have interpreted the drawings of more than thirty-six artists. Through their expertise in cutting the block and laying down several colours of ink in one registration, Dorset stonecut prints have achieved a distinctive surface in terms of texture and subtle colouration. *Netsilik River* (51), *Skinned Caribou* (52), and *Seamaids* (66) demonstrate the ongoing skills of two printers, Lukta Kiakshuk and Timothy Ottochie.

The Povungnituk and Holman approaches have been somewhat different, Although there are exceptions, Povungnituk artists generally create their images directly on the stone block, avoiding, or at least limiting, the drawing stage. The block itself,

au développement de cette communauté en tant que centre artistique, servit de guide dans ces expériences. Dans les premières années, certains traits particuliers furent établis. La gravure sur pierre et le pochoir devinrent les techniques les plus utilisées. Les estampes elles-mêmes sont habituellement le résultat d'un effort commun, car elles réunissent la créativité graphique de l'artiste à l'habileté technique du graveur. Alors que les thèmes traditionnels sont populaires partout, certaines caractéristiques de style et d'imagerie sont devenues et continuent d'être l'apanage de chacun des cinq principaux centres: Cape Dorset, Povungnituk, Holman, Baker Lake et Pangnirtung. Cape Dorset, par exemple, est reconnu pour ses représentations d'oiseaux qui peuvent être pleines d'humour, de fantaisie ou de naturalisme. Les gravures de Povungnituk révèlent habituellement la forme du bloc de pierre d'où l'image a été tirée. Le travail de Baker Lake s'identifie souvent par son imagerie violente, l'usage audacieux des couleurs et le raffinement de ses lignes.

Dans une bonne mesure, l'organisation de chaque atelier joue un rôle central, essentiel à la définition même de cet art. Le style reflète à la fois le dessin original et l'adresse technique du graveur. Le fonctionnement d'un programme réussi de gravure implique plusieurs facteurs. Comme le fait remarquer *L'Estampe inuit,*[18] les conseillers, les moniteurs et les agences de commercialisation concernées n'ont cessé d'apporter à ces centres, privés de contact avec une tradition de la gravure, un appui et un encouragement essentiels. Il est difficile d'évaluer avec précision jusqu'à quel point ces forces ont influencé la nature des collections annuelles.

Souvent, l'influence stimulante d'un nouveau conseiller ou d'un atelier spécial a apporté une note de fraîcheur dans la conception des oeuvres et dans leur qualité. Ces événements se produisent toutefois à l'intérieur d'un continuum global, établi au début du développement de la gravure et toujours très en évidence dans les années '70. Un certain nombre de conseillers de la coopérative se sont engagés dans des programmes à long terme, notamment Terry Ryan, à Cape Dorset, le père Tardy, à Holman, et Jack et Sheila Butler, à Baker Lake. Le Conseil canadien des arts esquimaux, un organisme consultatif composé de professionnels appartenant au monde artistique canadien, n'a cessé d'apporter son aide et ses conseils aux artistes inuit dans les domaines techniques et commercial.

Dès 1969, il y avait des centres de gravure actifs au sein de trois communautés: Cape Dorset, Povungnituk et Holman. Les premières éditions cataloguées furent publiées respectivement en 1959, 1962 et 1965. L'examen statistique des techniques graphiques employées au cours des années démontre que, tandis que les gravures au pochoir et sur cuivre continuent d'être des techniques de travail importantes, la gravure sur pierre demeure au premier rang. A Cape Dorset, durant les vingt dernières années, seulement neuf graveurs sur pierre I imprimeurs ont interprété les dessins de plus de trente-six

as seen in *Kutjujajurq* (55) and *Waiting for the Dog Team* (64), often becomes an important part of the image, which is usually printed in one colour. Holman, like Dorset, begins the creative process on paper, but, as with Povungnituk, colour and surface are simplified when the drawings are rendered in print. Silhouette-like forms are the hallmark of Holman images. As with *Dance for Visitor* (54) these often form a unique record of western arctic life. For example, the dancer's cap, made of loon skins and beak and a weasel pelt, is a piece of costume found only in this area.

With the emergence of new print centers in the 1970's, efforts have been made to enlarge upon or vary the established graphic type. Baker Lake celebrates its tenth anniversary of printmaking in 1979. Very early in its development, the center became known for its innovative combination of stonecut and stencil techniques, using the stone for line work and stencil for colour and texture. *The Pleasures of Eating Fish*, 1970 (49) is an early example of this type. In later prints, such as *Caribou Swimming in Sunset*, 1975 (56), the textural and atmospheric qualities have been accentuated by a more elaborate cutting of the stone. Composed of four stonecuts and a number of stencils, *Hunting Caribou from Kayaks*, (59) is in a sense a summation of these concerns. The difficulties of combining several stonecut and stencils, and especially the registration of the separate stone blocks, have limited the edition of the print to nineteen.[19]

Pangnirtung released its first collection in 1973. While some printers, such as Solomon Karpik (*Disguised Archer*, 60), have chosen to concentrate on stonecuts, the Pangnirtung print shop has, on the whole, come to emphasize the use of stencil. The technique allows for a great deal of intricacy and delicacy and is particularly suited to the definition of the sea and land elements that are often a part of Pangnirtung's whaling imagery, represented here by *Whaling in the Cumberland Sound: 1930's* (63).

Traditionally, the artist's involvement in the printing of his or her image has been minimal, if not non-existant. Most artists are content with this situation and have even, as with Pudlo Pudlat, stated a preference for the print over their original drawing.[20] At the same time, however, advisors have seen a need to seek out avenues through which the hand of the artist might be more immediately involved in the process. To this end, copper-plate engraving was introduced to Cape Dorset in 1961. The print collections of 1962 and 1963 featured the new medium and while some artists, especially the older ones, found it too taxing, others such as Jamasie Teevee (53) and Kananginak Pootoogook have continued to use it intermittently.

artistes. Grâce à leur adresse à graver le bloc de pierre et à étendre des encres de diverses couleurs en un seul repérage, les graveurs de Dorset obtiennent des estampes au fini distinctif, tant par la texture que par la subtilité des coloris. *Rivière Netsilik* (51), *Caribou dépecé* (52) et *Nymphes marines* (66) démontrent l'habilité croissante de deux graveurs, Lukta Kiakshuk et Timothy Ottochie.

Les artistes de Povungnituk et de Holman ont procédé de façon quelque peu différente. Sauf quelques exceptions, ils forment généralement leurs images directement sur le bloc de pierre, ce qui leur permet d'éviter, ou au moins de simplifier, l'étape du dessin. Le bloc lui-même, comme on le voit dans *Kutjujajurq* (55) et *Attente du retour des traîneaux* (64), devient souvent une partie importante de l'image, laquelle est habituellement rendue en une seule couleur. A Holman, comme à Dorset, on commence le processus créateur sur papier, mais, comme à Povungnituk, on simplifie la couleur et le fini lorsque les dessins sont transformés en estampes. Les images en forme de silhouettes identifient l'art d'Holman. Comme c'est le cas pour *Danse pour un visiteur* (54), celles-ci constituent un témoignage unique de la vie dans la partie ouest de l'arctique. Par exemple, le bonnet du danseur, fait de peaux et de bec de huart ainsi que de fourrure de belette, est une pièce d'habillement que l'on trouve seulement dans cette région.

Avec l'apparition de nouveaux centres de gravure dans les années '70, on s'est efforcé de donner plus d'ampleur et de variété aux types graphiques déjà établis. Baker Lake célèbre en 1979 son dixième anniversaire comme centre de gravure. Très tôt dans son développement, le centre s'est fait connaître pas son esprit d'innovation, en combinant les techniques de la gravure sur pierre et du pochoir. On utilisait la pierre pour le tracé des contours et le pochoir pour la couleur et la texture. *La bonne chair du poisson*, 1970 (49) est un des premiers exemples de ce genre. Dans des estampes ultérieures, comme *Caribou nageant au coucher du soleil*, 1975 (56), on a fait ressortir les qualités de texture et d'atmosphère en ciselant la pierre d'une façon plus complexe. *La chasse au caribou en kayaks* (59), composée de quatre gravures sur pierre et de plusieurs pochoirs, est en quelque sorte la somme de ces efforts. Comme il est difficile de réunir plusieurs gravures sur pierre et pochoir, et surtout d'effectuer le repérage des divers blocs de pierre, le tirage de cette estampe a été limité à dix-neuf.[19]

Pangnirtung a publié sa première collection en 1973. Tandis que certains graveurs, comme Solomon Karpik (*Archer déguisé*, 60), ont choisi de se concentrer sur les gravures sur pierre, l'atelier de gravure de Pangnirtung en est venu, dans l'ensemble, à employer de préférence le pochoir. Cette technique permet beaucoup de complexité et de délicatesse, ce qui convient particulièrement à la définition des éléments marins et terrestres qui font souvent partie de l'imagerie de la pêche à la baleine, représentée ici par *Pêche à la baleine: 1930* (63).

Since 1972, a lithography workshop has provided another alternative in Cape Dorset. Individual involvement does, however, vary. Jamasie draws directly on the plate but does not participate in the printing. Kananginak, who has consistently worked as both printer and artist, is more involved. Lithography has given him another means of furthering his wildlife studies and working directly on problems of colour and texture.

The use of lithography has not, however, been restricted to the work of the artists who have a desire or facility to become involved in the graphic process. Many of the artists whose drawings are printed do not participate at all. Lithography has expanded the means for interpreting the drawings of the Dorset artists, particularly works which otherwise might not have been suited to the traditional stonecut. The process allows for a closer rendition of the artists' line and, as seen in *First Goose Hunt* (68), a new colour range.

In other shops, artist involvement has come through their mastery of the established print techniques, rather than through the introduction of new media. Several Baker Lake artists, represented here by Simon Tookoome (49 and 58) and Irene Avalaaqiaq (57) have printed their own works. William Noah often does so as well, or alternately, collaborates with his wife, Martha Illumigaaqjuk Noah (50 and 56). This option has also been taken up by some Arctic Quebec artists such as Leah Qumaluk (64) of Povungnituk. Not represented, however, is Tivi Etook of George River, who has even set up his own independent print studio.

The intention of this discussion on the nature or lack of artist participation in printmaking has not been to suggest that the workshop approach is somehow unsatisfactory. The quality of the prints and the power and beauty of many of the images testify to its success. Also, where artists have done their own rendering and/or printing, the character of the work does not noticeably differ from that done by another printer. What is important here is the variety of possibilities open to those involved. As the programs have become stronger, working spaces and materials have also improved and expanded. This growth has opened up new avenues to both printers and artists.

As printmaking developed in Cape Dorset, the need to build up a solid repertory of drawings to be culled for the print program also increased. Today the co-operative has a collection in excess of 50,000 works. Similar archives, although not as extensive, have been maintained in all the print shops. The place

Traditionnellement, l'artiste était peu ou pas impliqué dans le procédé de gravure. La plupart des artistes sont satisfaits de cette situation et ont même affirmé, comme Pudlo Pudlat, qu'ils préféraient la gravure à leur dessin original.[20] Au même moment, toutefois, les conseillers ont deviné la nécessité d'explorer de nouvelles voies afin que la main de l'artiste puisse être directement impliquée dans le procédé. C'est dans ce but que l'on introduisit la gravure sur cuivre à Cape Dorset en 1961. Le nouveau procédé était représenté dans les collections d'estampes de 1962 et 1963 et, tandis que certains artistes, surtout les plus vieux, le trouvaient trop exigeant, d'autres, comme Jamasie Teevee (53) et Kananginak Pootoogook, ont continué de l'utiliser à l'occasion.

Depuis 1972, un atelier de lithographie offre une autre option à Cape Dorset. Le niveau d'engagement, toutefois, varie selon les individus. Jamasie dessine à même la plaque mais ne participe pas à la réalisation de la gravure. Kananginak, qui a régulièrement travaillé comme graveur aussi bien qu'artiste, est plus engagé. La lithographie lui a donné un autre moyen de poursuivre ses études sur la faune et de travailler directement à résoudre des problèmes de couleur et de texture.

Cependant, l'usage de la lithographie n'a pas été réservé aux oeuvres d'artistes qui ont le désir ou la facilité de s'impliquer dans le procédé graphique. Plusieurs des artistes dont les dessins sont imprimés n'y participent pas du tout. La lithographie a offert aux artistes de Dorset un plus vaste éventail de possibilités dans l'interprétation de leurs dessins, particulièrement en ce qui a trait aux pièces qui n'auraient pu s'accommoder du procédé traditionnel de la gravure sur pierre. Ce procédé permet une reproduction plus fidèle du tracé de l'artiste et, comme on le voit dans *Première chasse à l'oie* (68), une nouvelle palette de couleurs.

Dans d'autres ateliers, c'est la maîtrise des techniques établies, plutôt que l'introduction de nouveaux moyens d'expression, qui a amené la participation des artistes. Plusieurs artistes de Baker Lake, représentés ici par Simon Tookoome (49 et 58) et Irene Avalaaqiaq (57) ont produit leurs propres gravures. William Noah fait souvent de même, ou encore collabore avec sa femme, Martha Illumigaaqjuk Noah (50 et 56). Certains artistes du Nouveau-Québec, comme Leah Qumaluk (64), de Povungnituk, ont aussi pris cette option. Tivi Etook, de George River, qui n'est cependant pas représenté, a même monté son propre studio de gravure.

Ces remarques sur le genre de participation que l'artiste apportait à la réalisation de la gravure, ne cherchaient pas à suggérer que la formule du travail d'atelier laissait à désirer. La qualité des estampes ainsi que la puissance et la beauté d'un grand nombre d'images témoignent de son succès, De plus, là où les artistes ont réalisé leurs propres transpositions et/ou gravures, les pièces en question sont sensiblement de la même qualité que celles faites par un autre graveur.

of the original drawings in the context of Inuit graphics has generally been secondary to the printed images. A relatively small number of them has been accessible to the public. As collectors and scholars have become more familiar with major artists through their prints, a desire to see and know more of the body of their work has brought the original drawings into greater prominence.

Included in the exhibition are drawings which reflect a variety of interests: historical narrative, scenes of daily life, legends and fantasy. Artists have worked primarily in felt pen, graphite pencil and crayon, using the linear possibilities of the media to define and emphasize the contours of forms. A strong sense of pattern and a love for detail is evident in most of the work.

The drawings are highly individualistic, as may be seen in a comparison of three Baker Lake artists: Luke Anguhadluq (71 and 72), Ruth Annaqtuusi (75) and Harold Qarlisaq (70). The oldest artist represented, Anguhadluq places his naive hunter, mother-and-child and animal figures arbitrarily about the paper surface and often combines different perspectives. Annaqtuusi's work teems with fantastic figures and colour. Space is carefully defined and the images compressed within its boundaries. Qarlisaq's drawing is, on the other hand, open and, in those areas where the figures overlap, insubstantial. Often, the white of the page becomes part of the image, suggesting the vast expanses of the arctic landscape.

The delicacy of Qarlisaq's lines, and their soft, grainy quality, make his drawings difficult to translate into prints. This problem occurs elsewhere. In Holman, Agnes Nanogak is one of the most important artists; but, because of the nature of that center's printing methods, the vibrant colours and dynamic lines of her drawings have largely escaped capture in print. *Owl with Catch of Hares* (73), is a good example of her style and humour.

For a number of Cape Dorset artists, drawing has undergone some important changes in recent years, both in terms of media and working methods. The catalyst has largely been the presence of Toronto painter, Kay M. Graham, who, between 1971 and 1976, made frequent trips to the community as part of her own involvement with arctic landscape imagery. During these visits Graham, became friends with a number of artists in the community. Lucy and Kingmeata, in particular, spent some time working with her, sharing her acrylics and water colours and learning from her how to lay down a wash on paper.[21] In 1975, Graham was invited to the community as the guest of the cooperative and was given a small house in the midst of the art centre to use as a studio. Upon her departure, the decision was

Ce qui importe ici, c'est l'éventail de possibilités offert à ceux qui sont concernés. Au fur et à mesure que les programmes ont pris de la vigueur, les locaux de travail et les matériaux ont été améliorés et diversifiés. Cette croissance a ouvert de nouvelles voies aussi bien aux graveurs qu'aux artistes.

Avec le développement de la gravure à Cape Dorset, on a de plus en plus éprouvé le besoin d'accumuler un solide répertoire de dessins destinés à être sélectionnés pour le programme de gravure. Aujourd'hui, la coopérative possède une collection de plus de 50,000 pièces. Tous les ateliers de gravure ont maintenu des archives similaires, quoique moins considérables. Dans le contexte des arts graphiques inuit, les dessins originaux occupent le second rang après les estampes, ils ont été accessibles au public en nombre relativement peu élevé. Au fur et à mesure que les collectionneurs et les érudits se sont familiarisés avec les artistes grâce à leurs estampes, ils ont éprouvé le désir de connaître davantage l'ensemble de leur oeuvre, ce qui a donné plus d'importance aux dessins originaux.

L'exposition comprend des dessins qui reflètent une diversité d'intérêts: le récit historique, les scènes de la vie quotidienne, les légendes et la fantaisie. Les artistes ont travaillé surtout au stylo feutre, au crayon à mine de plomb et au crayon de couleur, tout en suivant autant que possible les lignes du matériau pour définir et accentuer le contour des formes. La plupart des pièces démontrent un sens très sûr du motif ainsi que le goût du détail.

Les dessins sont très individualisés, comme on peut le voir en comparant les oeuvres de trois artistes de Baker Lake: Luke Anguhadluq (71 et 72), Ruth Annaqtuusi (75) et Harold Qarlisaq (70). Le plus vieil artiste représenté, Anguhadluq, éparpille arbitrairement sur le papier ses personnages naïfs représentant le chasseur, la mère et l'enfant et des animaux; il entremêle souvent différentes perspectives. L'oeuvre d'Annaqtuusi abonde en personnages fantastiques et en couleurs. Les images sont comprimées dans un espace minutieusement défini. Quant au dessin de Qarlisaq, il est ouvert et manque de consistance aux endroits où les personnages s'entrecroisent. Souvent, le blanc de la page se fond avec l'image et suggère ainsi les vastes étendues du paysage arctique.

Qarlisaq exécute des dessins aux lignes délicates, d'aspect doux et grenu, qui sont par le fait même difficiles à transposer en estampes. C'est un problème qui se pose ailleurs. A Holman, Agnes Nanogak est l'un des artistes les plus importants, mais les méthodes de gravure y sont telles que les couleurs vibrantes et les lignes dynamiques de ses dessins ne se sont pas laissé facilement emprisonner par la gravure. *Harfang et dépouilles de lièvres* (73) est un bon exemple de son style et de son humour.

Chez un bon nombre d'artistes de Cape Dorset, le dessin a subi d'importants changements ces dernières années, tant au

made to continue using the building as a studio. Kingmeata and Pudlo began working there with the acrylics Graham had left behind. Since then, other artists, including Etidlooie and Lucy, have joined them.

As the works demonstrate, the introduction of acrylics has brought about a new feeling for the entire paper surface. Elements of landscape and their relationship to the figures placed within it have become more important, particularly in the work of Pudlo Pudlat (80 and 81). Lucy (83) and Kingmeata (82), both using a limited subject range, exhibit a strong sense of surface pattern in terms of colour, shape, and texture.

Kay Graham's interaction with a small group of Cape Dorset artists is but one example of the diminution of the distance between the Inuit artist, his audience and peers, and the greater Canadian art community.

In the 1970's, workshops and conferences have brought together a number of printers and sculptors from the various centers. The Canadian Eskimo Arts Council sponsored printmaking workshops in 1974 and 1978 and a sculpture conference for the Baffin Island region in 1976. Cape Dorset artist and printer, Kananginak Pootoogook, has participated in a workshop in Povungnituk. Cape Dorset lithographers have done the same in Holman. These exchanges have been a forum for the discussion of technical problems and innovations.

As interest in Inuit art has grown and collectors have become more selective, efforts to compile biographical material and to hold one-person exhibitions have multiplied. Personal attendance at major cultural and commercial exhibitions has also played a role in the individual's growing concept of himself as artist. Karoo Ashevak, Simon Tookoome, Jessie Oonark, William Noah, Osuituk Ipeelee, Pudlo Pudlat, and Davie Atchealak are among those who have had an opportunity to see and appreciate their work in the viewer's context.

Where artists have developed a surer grasp of English or have been able to work with an interpreter sensitive to artistic concepts, personal aesthetics have been revealed:

People often say that I just make points here and there, and get very good prices for doing it. But it's not just a case of polishing the stone. I have an idea, which I put into it: an idea of a being or an animal, or something. Even though it may not be something specific that I have in mind, It will give an idea of a being, or a characteristic or a pose.
Paniluk Qamanirq, Arctic Bay [22]

point de vue des matériaux que des méthodes de travail. C'est surtout la présence du peintre torontois Kay M. Graham qui a servi de catalyseur à la communauté; Mme Graham y a fait plusieurs séjours entre 1971 et 1976 parce qu'elle s'intéressait elle-même à l'imagerie du paysage arctique. A l'occasion de ces visites, Mme Graham s'est liée d'amitié avec un certain nombre d'artistes locaux. Lucy et Kingmeata, en particulier, ont travaillé avec elle pendant quelque temps, partageant ses acryliques et ses couleurs à l'eau et apprenant auprès d'elle la technique du lavis.[21] En 1975, à l'invitation de la coopérative, Mme Graham devint l'hôte de la communauté; on lui donna en guise de studio une petite maison au milieu du centre d'art. Après son départ, on décida de continuer à utiliser les locaux comme studio. Kingmeata et Pudlo commencèrent à y travailler avec les acryliques abandonnées par Mme Graham. Depuis ce temps, d'autres artistes, y compris Etidlooie et Lucy, se sont joints à eux.

Comme le démontrent les travaux, l'introduction d'acryliques a apporté un changement d'attitude quant à l'utilisation de la surface entière du papier. Les éléments du paysage, et le rapport qu'ils ont avec les personnages qui l'habitent, ont acquis plus d'importance, particulièrement dans l'oeuvre de Pudlo Pudlat (80 et 81). Lucy (83) et Kingmeata (82), qui exploitent toutes deux une gamme limitée de thèmes, font preuve d'un sens certain de la couleur, de la forme et de la texture, qui leur permet de mettre en valeur tous les aspects de la surface.

L'interaction entre Kay Graham et un petit groupe d'artistes de Cape Dorset indique bien que l'écart diminue entre l'artiste inuit, son public et ses pairs, et l'ensemble de la communauté artistique canadienne.

Dans les années '70, des ateliers et des conférences ont mis en contact un certain nombre de graveurs et de sculpteurs issus des divers centres. Le Conseil canadien des arts esquimaux a patronné des ateliers de gravure en 1974 et 1979, ainsi qu'une conférence sur la sculpture pour la région de Baffin Island en 1976. Un artiste et graveur de Cape Dorset, Kananginak Pootoogook, a participé à un atelier à Povungnituk. Les lithographes de Cape Dorset en ont fait de même à Holman. Ces échanges ont constitué un forum sur les problèmes techniques et les innovations.

Comme l'intérêt porté à l'art inuit augmentait et les collectionneurs devenaient plus exigeants, on s'est efforcé davantage de compiler le matériel biographique et de tenir des expositions individuelles. C'est en assistant en personne aux principales expositions culturelles et commerciales que l'individu a pris davantage conscience de son identité d'artiste. Karoo Ashevak, Simon Tookoome, Jessie Oonark, William Noah, Osuituk Ipeelee, Pudlo Pudlat, et Davie Atchealak sont parmi ceux qui en ont eu l'occasion de voir et d'apprécier leur oeuvre en tant que spectateurs.

*At times when I draw, I am happy, but sometimes it is very hard.
I have been drawing a long time now. I only draw what I think,
but sometimes I think the pencil has a brain too.*
Pudlo Pudlat, Cape Dorset [23]

In his book, *Sculpture of the Eskimo,* George Swinton has
written:

*In 1957, several people predicted the end of Eskimo art 'within
this generation' or perhaps 'within ten to fifteen years.' I was
one of them. We were wrong. We looked into the future and
said, 'How would it be possible for one's art to survive when
one's culture is dying?' Little did we know about the nature of
Eskimo culture. We looked at what we thought were its essential factors, and we saw that they were gradually disappearing.
New factors had come into existence. We thought — and said
— 'these are not Eskimo.' Little indeed did we know about what
was 'Eskimo.' We thought the factors that we knew — the data
by which we 'defined' the* Inuit *— were definitive. The only factor
that we now know to be definite is change. Change as a
tradition, change as a way of life, change as a way of being
alive.*[24]

As indicated in this discussion of Inuit art in the 1970's, artists
are working today out of a solidly established tradition, even
though it spans only twenty to thirty years. In this time, a sense
of history has evolved, not only for the followers of Inuit art, but
for the artists themselves. One of the younger sculptors, David
Ruben Piqtoukun, has stated:

*Since beginning my apprenticeship, I have been content in my
progress with portraying my thoughts and feelings in stone
sculpture and carvings. Inuit art forms will always be my main
theme, whether they be traditional or contemporary in style. I
believe the Inuit people have much to express through their art
forms.*

Marie Routledge

Quand les artistes ont développé une plus grande maîtrise de
l'anglais ou lorsqu'ils ont eu la possibilité de travailler avec un
interprète familier des concepts artistiques, ils on pu faire
connaître leur esthétique personnelle:

*Les gens disent souvent que je me contente de faire des points
ici et là et que j'en tire de bons prix. Mais il ne s'agit pas
seulement de polir la pierre. J'ai une idée, et je la réalise: l'idée
d'un homme ou d'un animal, ou de quelque chose. Mais si ce
n'est pas quelque chose de précis que j'ai en tête, cela
suggèrera un homme ou donnera un caractéristique ou une
pose.*
Paniluk Qamanirq, Arctic Bay [22]

*Quelquefois quand je dessine, je suis heureux, mais c'est
parfois très difficile. Ça fait maintenant longtemps que je dessine. Je dessine seulement ce que je pense, mais je pense
parfois que le crayon aussi a une volonté.*
Pudlo Pudlat, Cape Dorset [23]

Dans son livre, *Sculpture of the Eskimo,* George Swinton a
écrit:

*En 1957, plusieurs personnes ont prédit la fin de l'art esquimau
'avant la fin de cette génération' ou peut-être 'd'ici dix ou
quinze ans'. J'étais de ceux-là. Nous avions tort. Nous examin-
ions le futur et nous disions: 'Comment l'art d'un peuple
pourrait-il survivre alors que sa culture est en voie d'extinction?'
Nous en savions bien peu sur la nature de la culture esquimaude. Nous observions ce que nous pensions être des
facteurs essentiels, et nous constatons qu'ils disparaissaient
graduellement. De nouveaux facteurs c'étaient manifestés.
Nous pensions — et nous disions: 'Ils ne sont pas propres aux
Esquimaux'. Nous savions vraiment très peu de choses à
propos de ce qui était propre aux Esquimaux. Nous pensions
que les facteurs que nous connaissions — les données qui
nous permettaient de définir la culture inuit — étaient immu-
ables. Le seul facteur dont nous sommes maintenant sûrs,
c'est le changement. Le changement comme tradition, comme
mode de vie, comme manifestation de vitalité.*[24]

Comme l'indique ces commentaires sur l'art inuit dans les
années '70, les artistes travaillent aujourd'hui à partir d'une
tradition solidement établie, même si elle ne couvre que vingt
ou trente ans. L'art inuit a maintenant pris une signification
historique, non seulement pour les amateurs de cet art, mais
aussi pour les artistes eux-mêmes. Un des jeunes sculpteurs,
David Ruben Piqtoukun, a déclaré:

*Depuis que j'ai commencé mon apprentissage, j'ai trouvé
satisfaction; à mesure que j'avançais, à traduire mes pensées
et mes sentiments en sculptant et en ciselant la pierre. Les
formes de l'art inuit seront toujours mon thème principal, que
ce soit dans un style traditionnel ou moderne. Je crois que le
peuple inuit a beaucoup à exprimer à travers ses formes d'art.*[25]

Marie Routledge

Notes

1 In Canada today, the term *Inuit* (*Inuk,* in the singular) is usually used in place of the more commonly known word *Eskimo.* The new term reflects the preference of the people to which it refers and, therefore, will be used throughout this text.

2 In addition to the works cited above see, for example: George Swinton, *Sculpture of the Inuit* (Toronto: McClelland and Stewart, 1972); Joan M. Vastokas, 'Continuities in Eskimo Graphic Style,' *artscanada,* 162/163 (December 1971/January 1972), 69-83; N.H.H. Graburn, ed., *Ethnic and Tourist Arts: Cultural Expressions from the Fourth World* (Berkeley and Los Angeles: University of California Press, 1976).

3 See the exhibition catalogue, Canadian Eskimo Arts Council, *Sculpture of the Inuit: masterworks of the Canadian Arctic* (Toronto: University of Toronto Press, 1971).

4 See 2, 13, 27, 30, and 36 as examples of works that are very similar to sculptures done before 1970. Artists such as Qaqaq Ashoona, John Kavik, Igjookhuak, Vital Makpaq, and Sheokju Oqutuq were represented in 'Sculpture ı Inuit.'

5 From an interview conducted by Marion Jackson, Cape Dorset, February 1979.

6 Marion Jackson interview, March 1979.

7 Marion Jackson interview, February, 1979.

8 Interview with the artist, Ottawa, March 1979.

9 Marion Jackson interview, January, 1979.

10 Marion Jackson interview, January 1979.

11 See the brochure, *From the Bottom of the Kudlik: Carvings and Artifacts from Gjoa Haven* (Ottawa: Canadian Arctic Producers Ltd. and The Innuit Gallery of Eskimo Art, Toronto, 1974).

12 Communication with artist via arts and crafts advisor, Robert Légasse, Gjoa Haven, March 1979.

13 Abjon Bromfield, 'Operation Whalebone,' *north ı nord,* 16 (November-December 1969), 1-7.

14 In particular, United States Marine Mammal Protection Act of 1972 (PL 92-522, 86 Stat 1027) and United States Endangered Species Conservation Act of 1973 (PL 93-205, 87 Stat 884).

15 For a full study, see Allen P. McCartney, ed., *Archaeological Whale Bone: A Northern Resource — First Report of the Thule Archaeology Conservation Project,* University of Arkansas Anthropological Papers, No. 1 (University of Arkansas, 1979).

16 In 1968 Karlik was commissioned by Aquitaine Company of Canada, Ltd. to do two sculptures for the Aquitaine Tower, Calgary. In 1974, the National Museum of Man, National Museums of Canada commissioned him to make a piece for display in the Inuit Hall of the Ottawa museum.

17 National Museums of Canada, *The Inuit Print* (Ottawa: National Museums of Canada, 1977), p. 34,38,40.

18 *The Inuit Print,* p. 34.

19 *The Inuit Print,* p. 233.

20 *Dorset 78: Cape Dorset Annual Graphics Collection* (Toronto: M.F. Feheley Publishers, 1978), p. 67.

21 Correspondence with Kay M. Graham, February 1979.

22 Susan Cowan, ed., *We don't live in snow houses now: Reflections of Arctic Bay* (Edmonton: Hurtig Publishers, 1976), p. 159.

23 *Dorset 78,* p. 67.

24 Swinton, *Sculpture of the Eskimo,* p.107.

25 David Ruben Piqtoukun biographical sheet, with amendments by artist, April 1979.

Notes

1 Présentement, au Canada, on utilise habituellement le terme *Inuit* (*Inuk*, au singulier) à la place du mot plus courant *Esquimau.* Le nouveau terme reflète la préférence du peuple auquel il s'applique; c'est pourquoi il sera utilisé partout dans ce texte.

2 En plus des ouvrages cités plus haut, voir, par exemple: George Swinton, *Sculpture of the Inuit* (Toronto: McClelland and Stewart, 1972); Joan V. Vastokas, 'Continuities in Eskimo Graphic Style,' *artscanada,* 162/163 (décembre 1971/janvier 1972), 69-83; *Ethnic and Tourist Arts: Cultural Expressions from the Fourth World,* sous la direction de N.H.H. Graham (Berkeley and Los Angeles: University of California Press, 1976).

3 Voir le catalogue de l'exposition, Conseil canadien des arts esquimaux, *La sculpture chez les inuit: chefs d'oeuvre de l'Arctique canadien.* (Toronto: University of Toronto Press, 1971).

4 Voir 2, 13, 27, 30 et 36 à titre d'exemples d'oeuvres qui ressemblent beaucoup aux sculptures faites avant 1970. Certains artistes, comme Qaqaq Ashoona, John Kavik, Igjookhuak, Vital Makpaq et Sheokju Oqutuq, étaient représentés dans 'Sculpture ı Inuit'.

5 Tiré d'une entrevue menée par Marion Jackson, Cape Dorset, février 1979.

6 Entrevue par Marion Jackson, mars 1979.

7 Entrevue par Marion Jackson, février 1979.

8 Entrevue avec l'artiste, Ottawa, mars 1979.

9 Entrevue par Marion Jackson, janvier 1979.

10 Entrevue par Marion Jackson, janvier 1979.

11 Voir la brochure *Du fin fond des âges — Sculptures et objets de Gjoa Haven* (Ottawa: Canadian Arctic Producers Ltd et The Innuit Gallery of Eskimo Art, Toronto, 1974).

12 Communication de l'artiste par l'intermédiaire de Robert Légasse, conseiller en art et artisanat, Gjoa Haven, mars 1979.

13 Abjon Bromfield, 'Operation Whalebone,' *north ı nord,* 16 (novembre-décembre 1969), 1-7.

14 En particulier, le United States Marine Mammal Protection Act de 1972 (PL 92-522, 86 Stat 1027) et le United States Endangered Species Conservation Act de 1973 (PL 93-205, 87 Stat 884).

15 Pour une étude complète, voir *Archaeological Whale Bone: A Northern Resource — First Report of the Thule Archaeology Conservation Project* sous la direction d'Allen P. McCartney, University of Arkansas Anthropological Papers, No. 1 (University: University of Arkansas, 1979).

16 En 1968, Aquitane Company of Canada, Ltd, commanda à Karlik deux sculptures pour la Aquitaine Tower de Calgary. En 1974, le Musée national de l'Homme, Musées nationaux du Canada lui commandèrent un ouvrage qui devait être exposé à la Salle inuit du Musée d'Ottawa.

17 Musées nationaux du Canada, *L'Estampe inuit* (Ottawa: Musées nationaux du Canada, 1977), p. 34, 38, 40.

18 *L'Estampe inuit,* p. 34.

19 *L'Estampe inuit,* p. 233.

20 *Dorset 78: Cape Dorset Annual Graphics Collection* (Toronto: M.F. Feheley Publishers, 1978), p. 67.

21 Correspondance avec Kay M. Graham, février 1979.

22 *Nous ne vivons plus dans des igloos ...,* sous la direction de Susan Cowan. Texte français par René V-Manevy. (Ottawa: Editions internationales Alain Stanké Ltée, 1978), p. 157.

23 *Dorset 78,* p. 67.

24 Swinton, *Sculpture of the Eskimo,* p. 107.

25 Fiche biographique de David Ruben Piqtoukun, avec corrections de l'artiste, avril 1979.

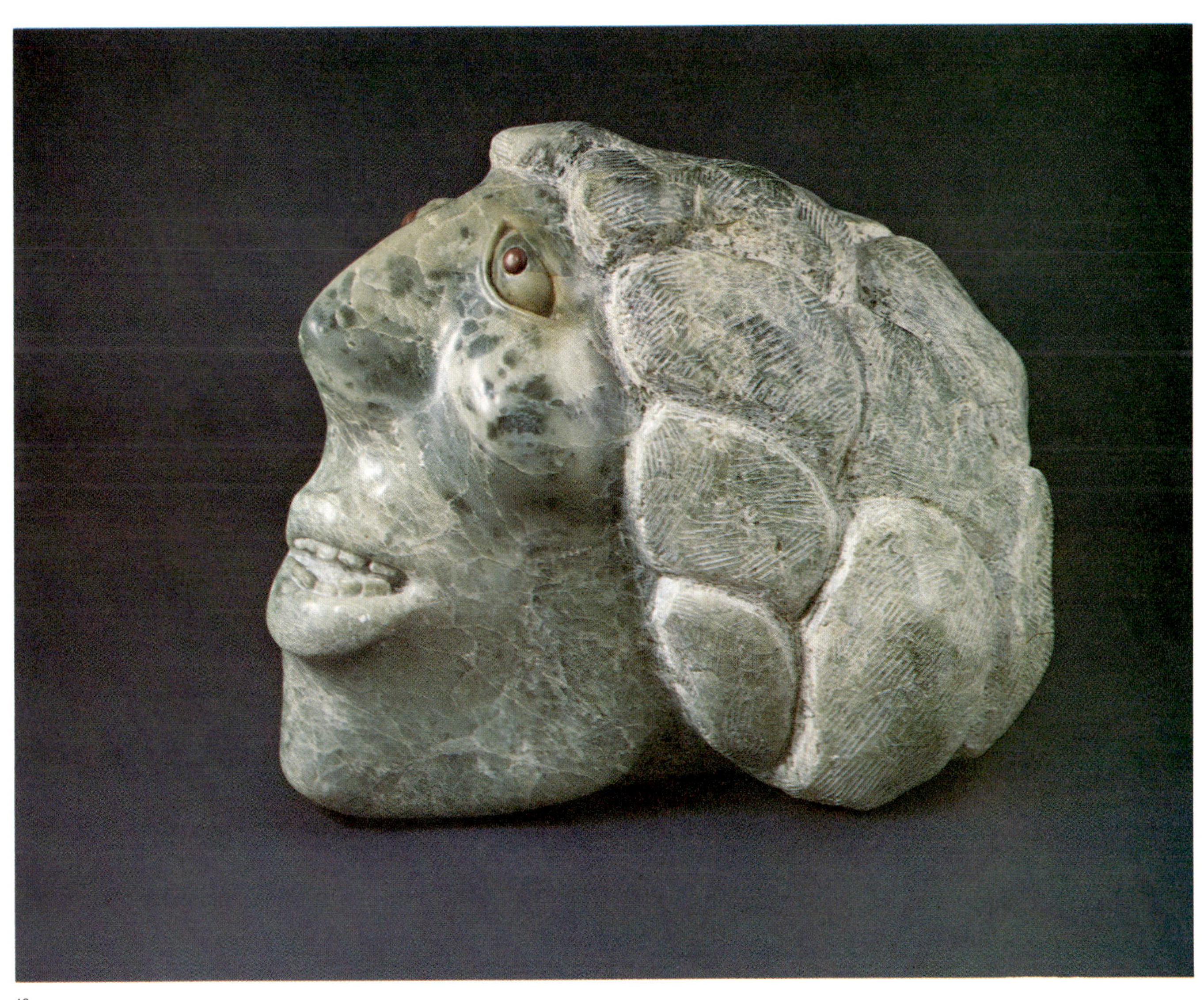

26

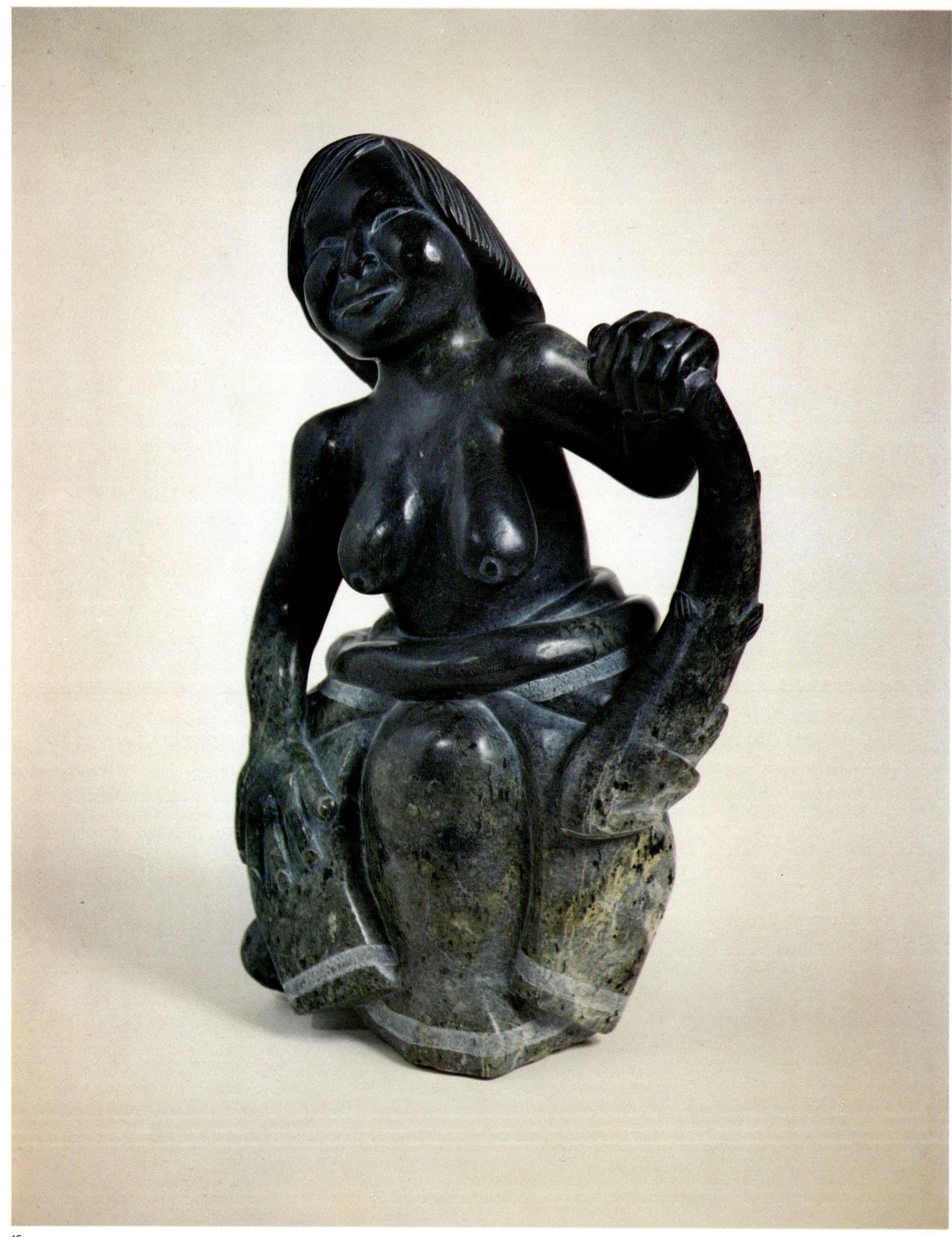

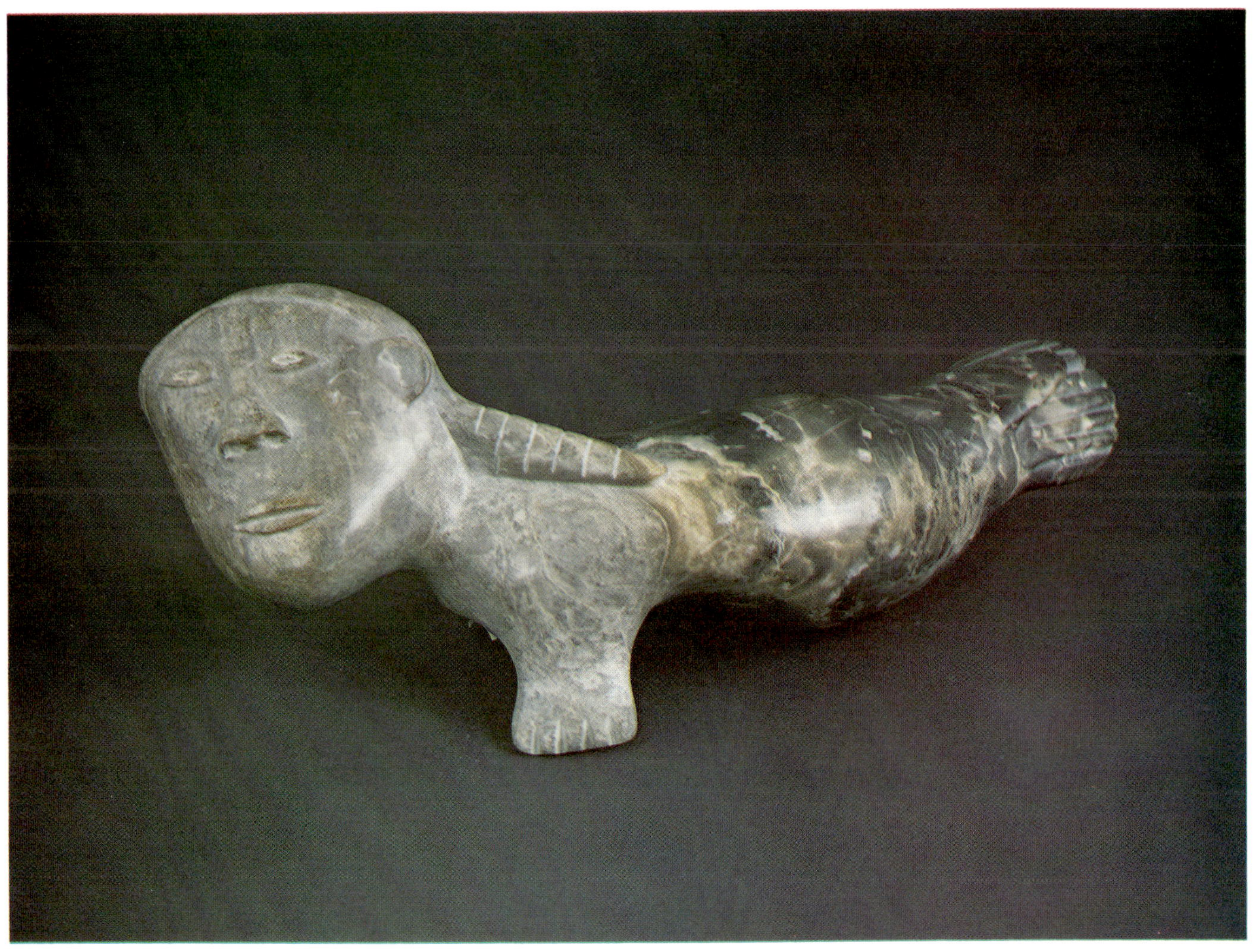

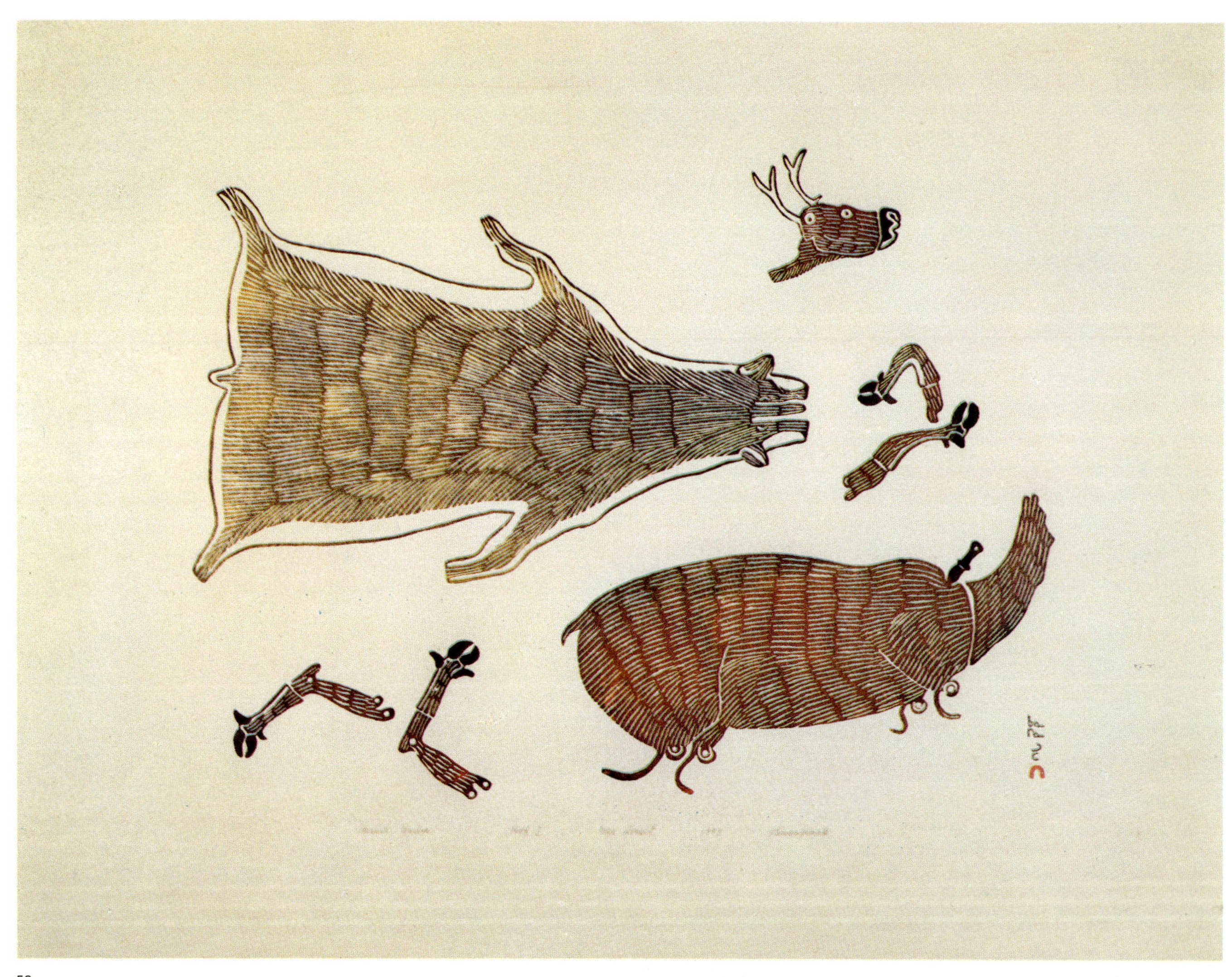

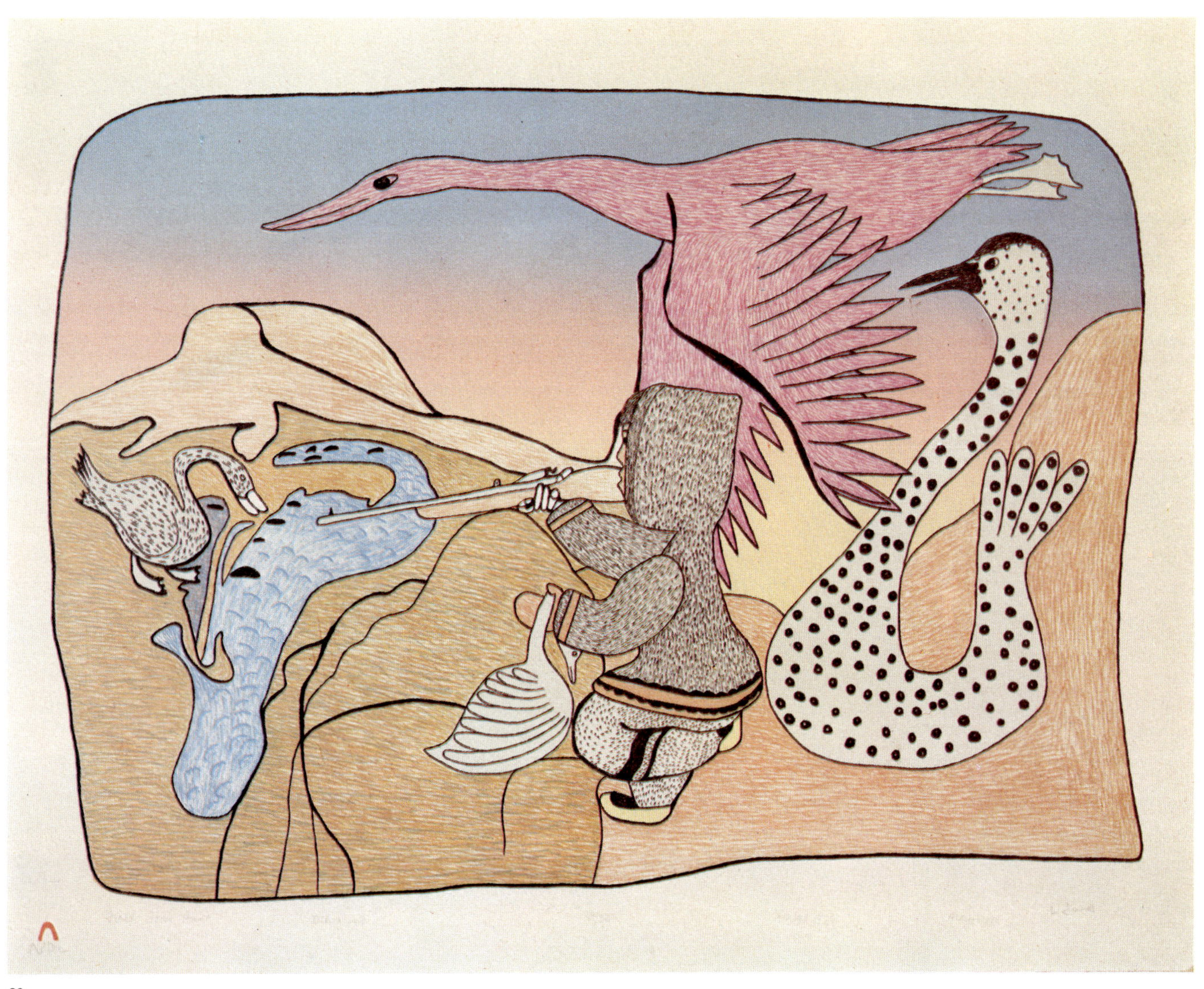

30

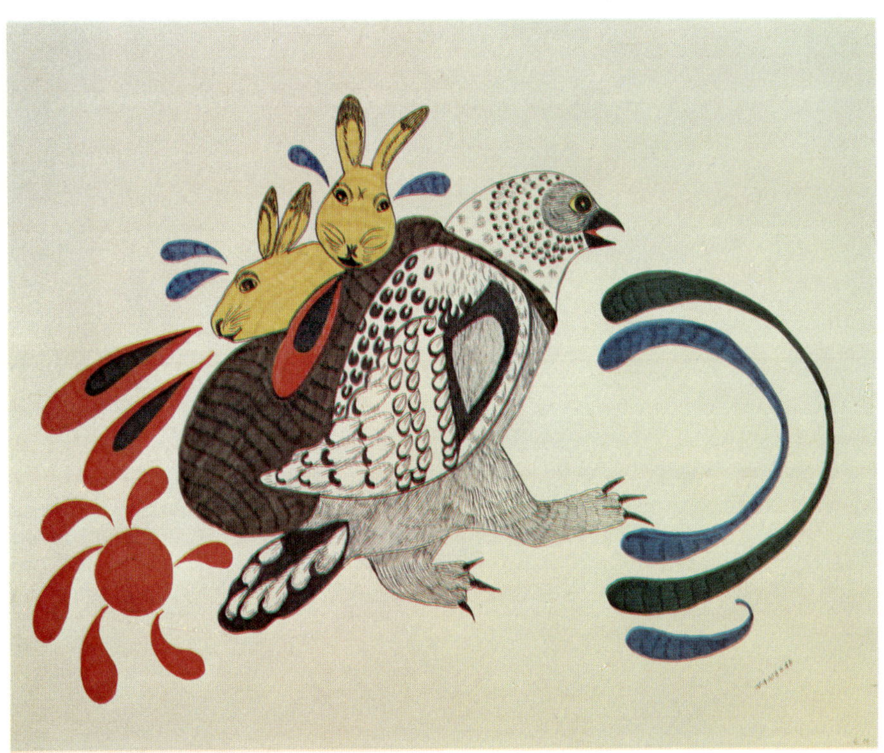

73

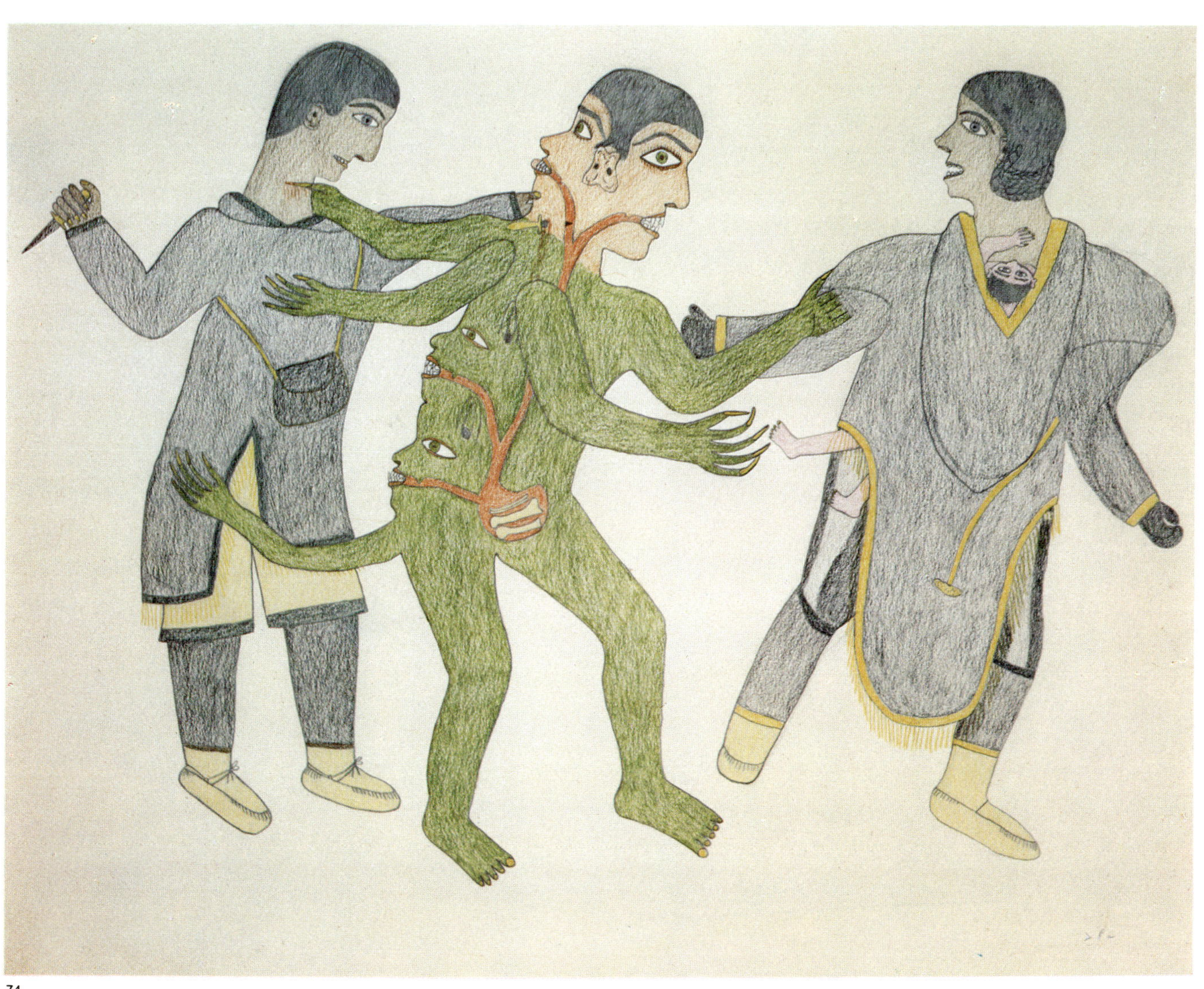

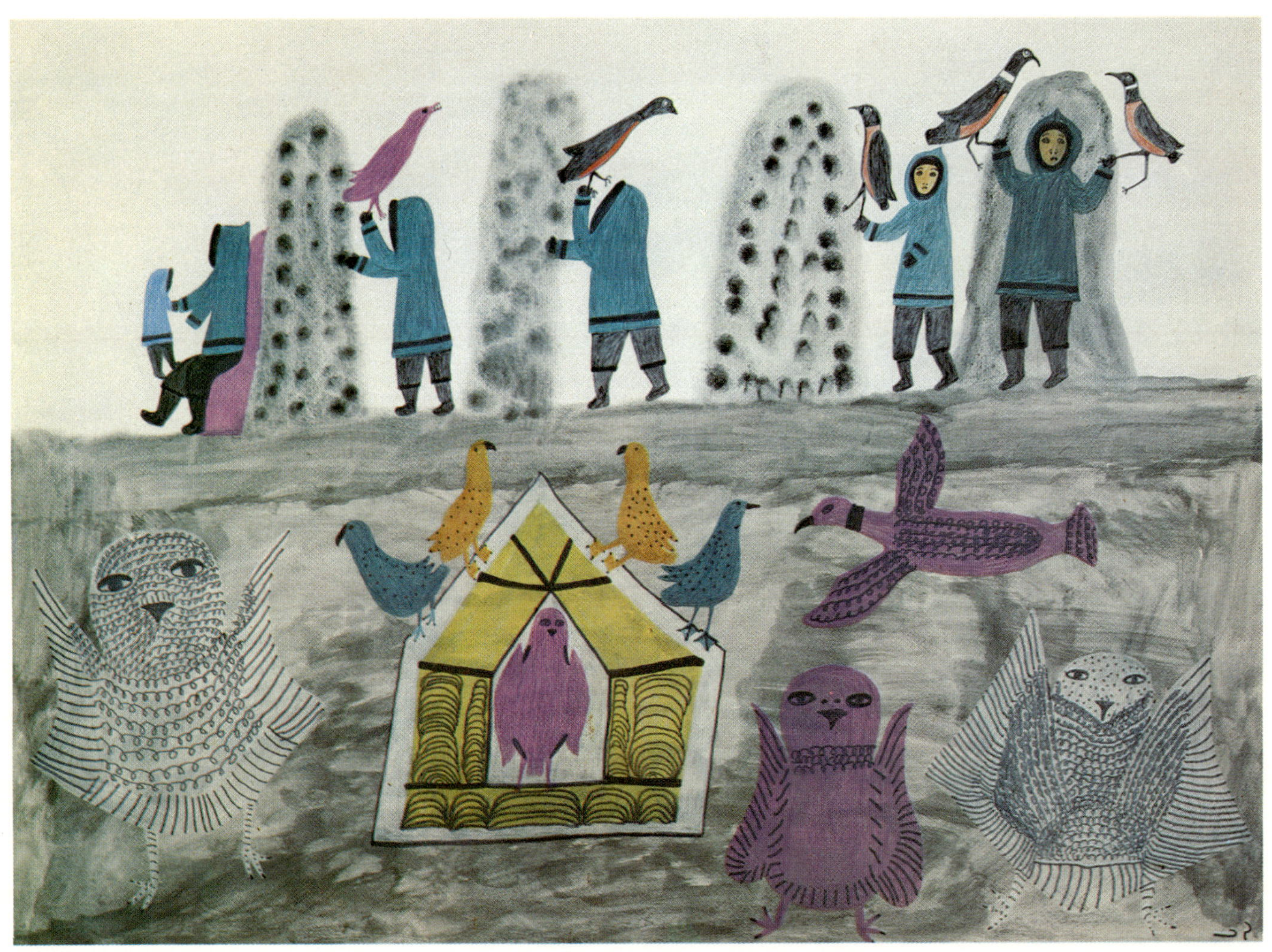

The Exhibition

L'Exposition

1
Gino Akka
1938 -
Pelly Bay

Egg Collecting Scene | Cueillette des oeufs
1969-1970
ivory and whale bone | ivoire et os de baleine
78 x 85 x 110
signed | signé: AKA E4315

Exh | Exp: Canadian Eskimo Arts Council | Le Conseil canadien des arts esquimaux, *Sculpture,* Ottawa, 1970

Prince of Wales Northern Heritage Centre, Yellowknife

2
Noah Koughajuke
1899 -
Lake Harbour

Figures
1969-1970
green stone | pierre verte
175 x 285 x 43
signed | signé: ᑯᒋᐊᔪ
E7-210

CES | SCE

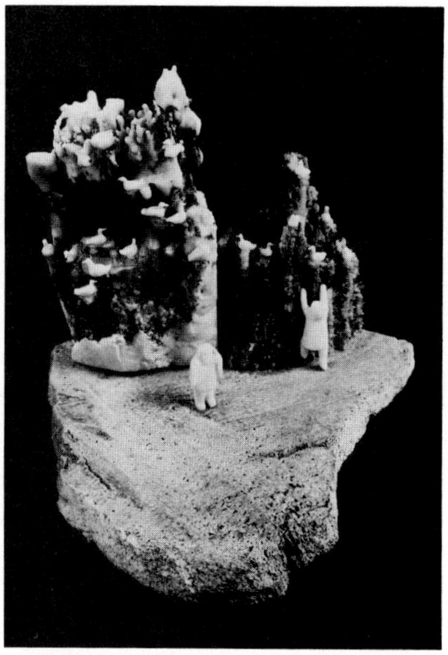

1

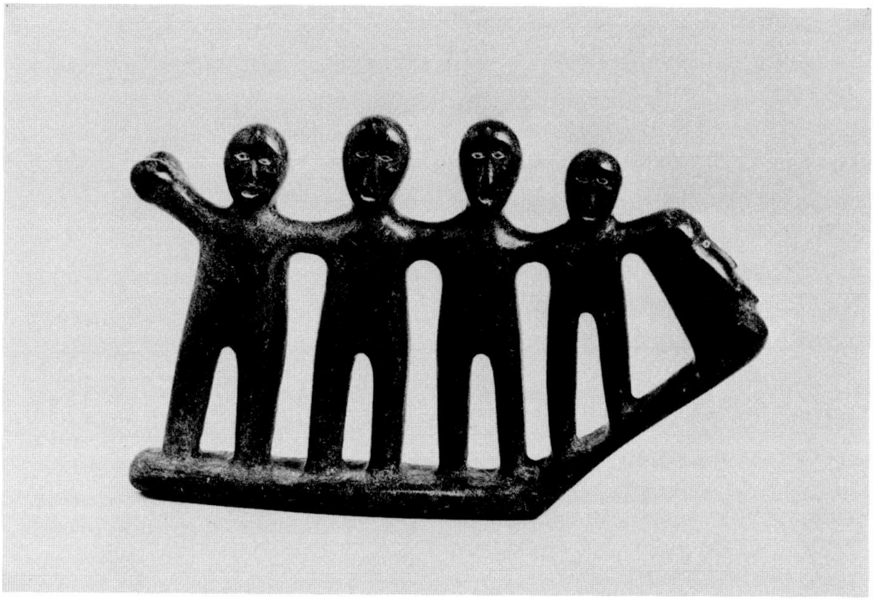

2

3
(Igjookhuak) Eli Inukpaluk
1916 -
Spence Bay

Owl Spirit ı Esprit d'harfang
1969-1973
whale bone ı os de baleine
468 x 590 x 266
unsigned ı non signé

Art Gallery of Greater Victoria, Gift of the
National Museums Corporation ı Don
des Musées nationaux du Canada

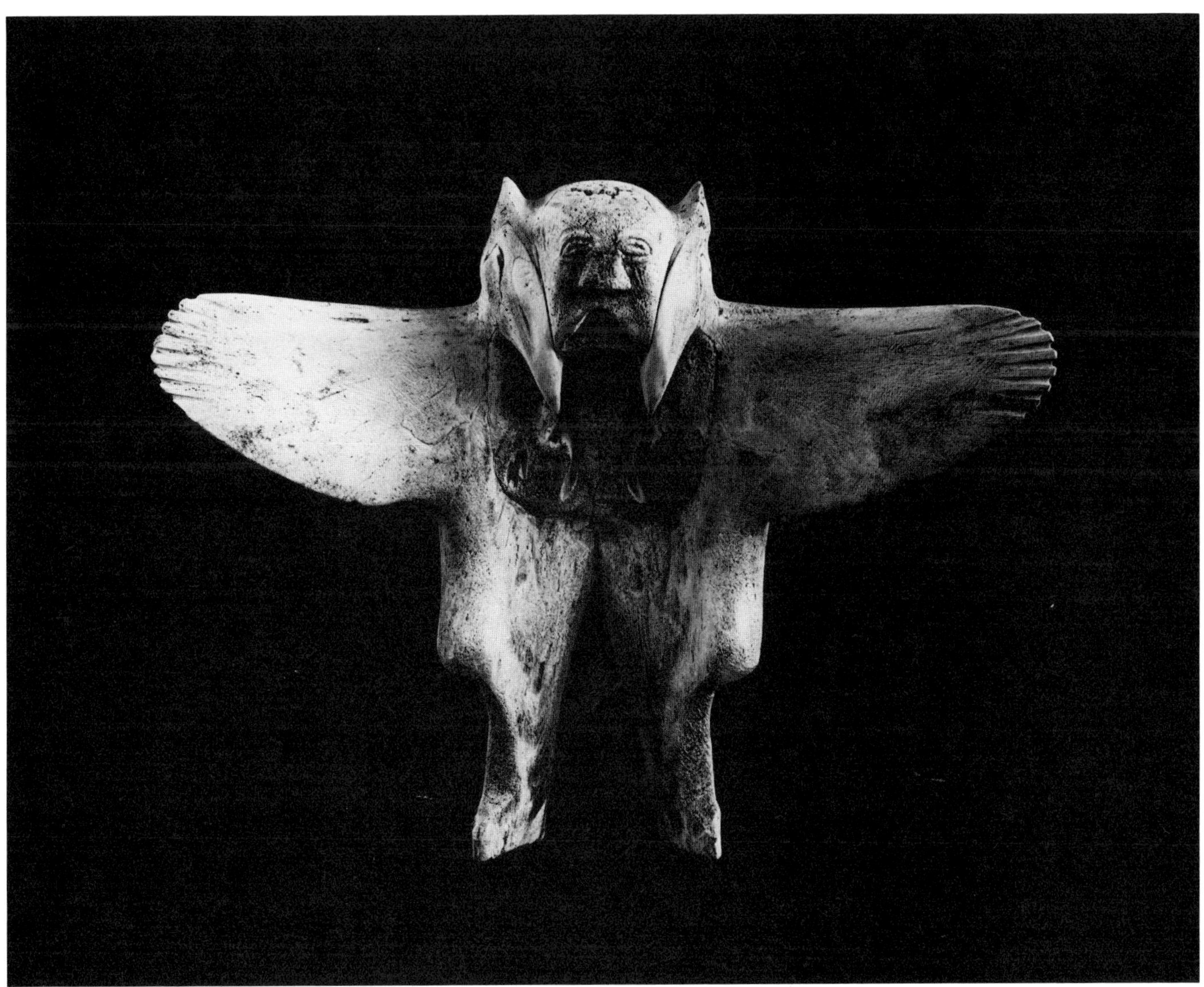

3

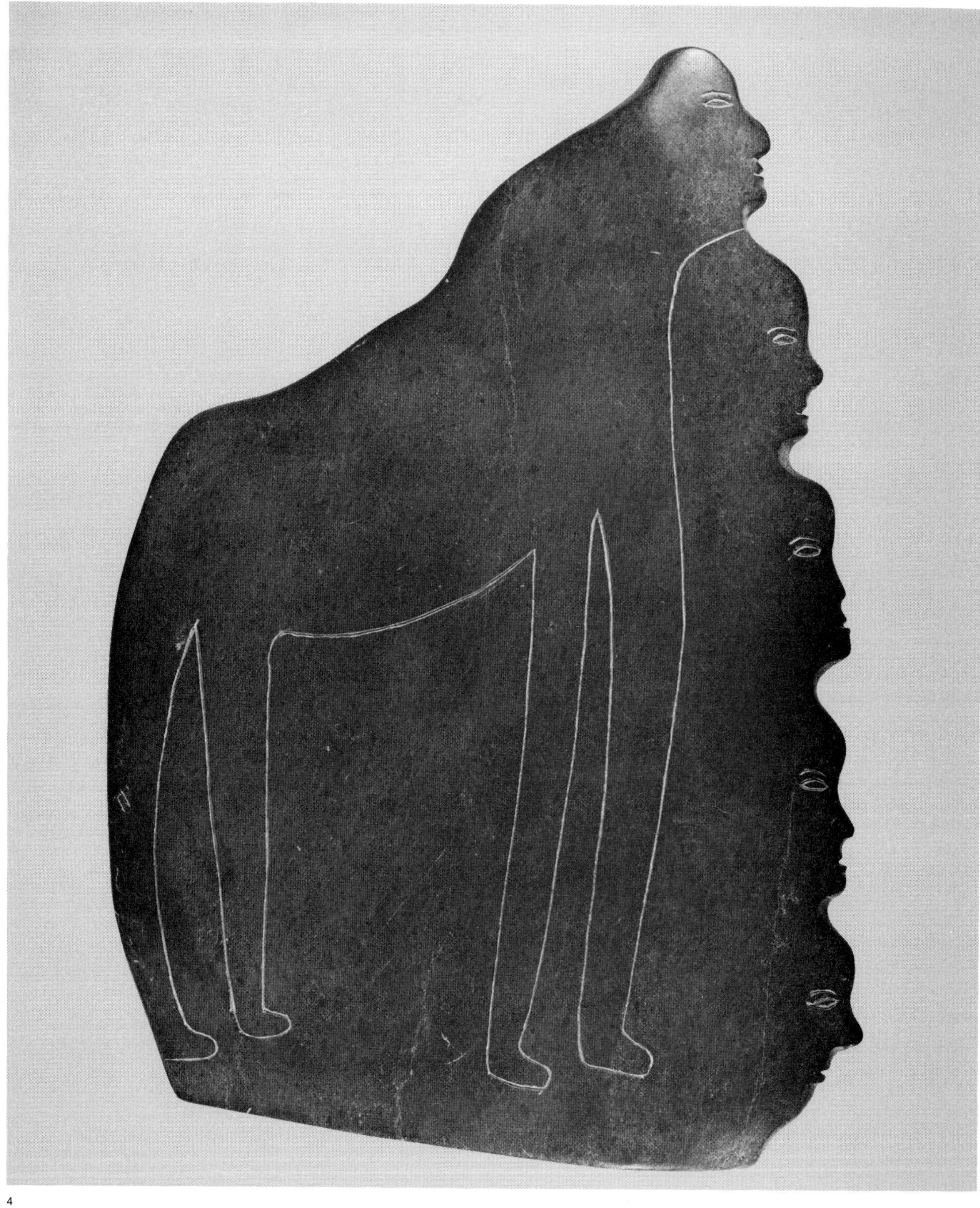

4
Nicholas Irkooquee
1920 -
Rankin Inlet

Totem Faces and Beast I Figures de
totem et bête
c I vers 1970
grey stone I pierre grise
550 x 387 x 83
signed I signé: ᐃᑦᕈ

Vincent Tovell

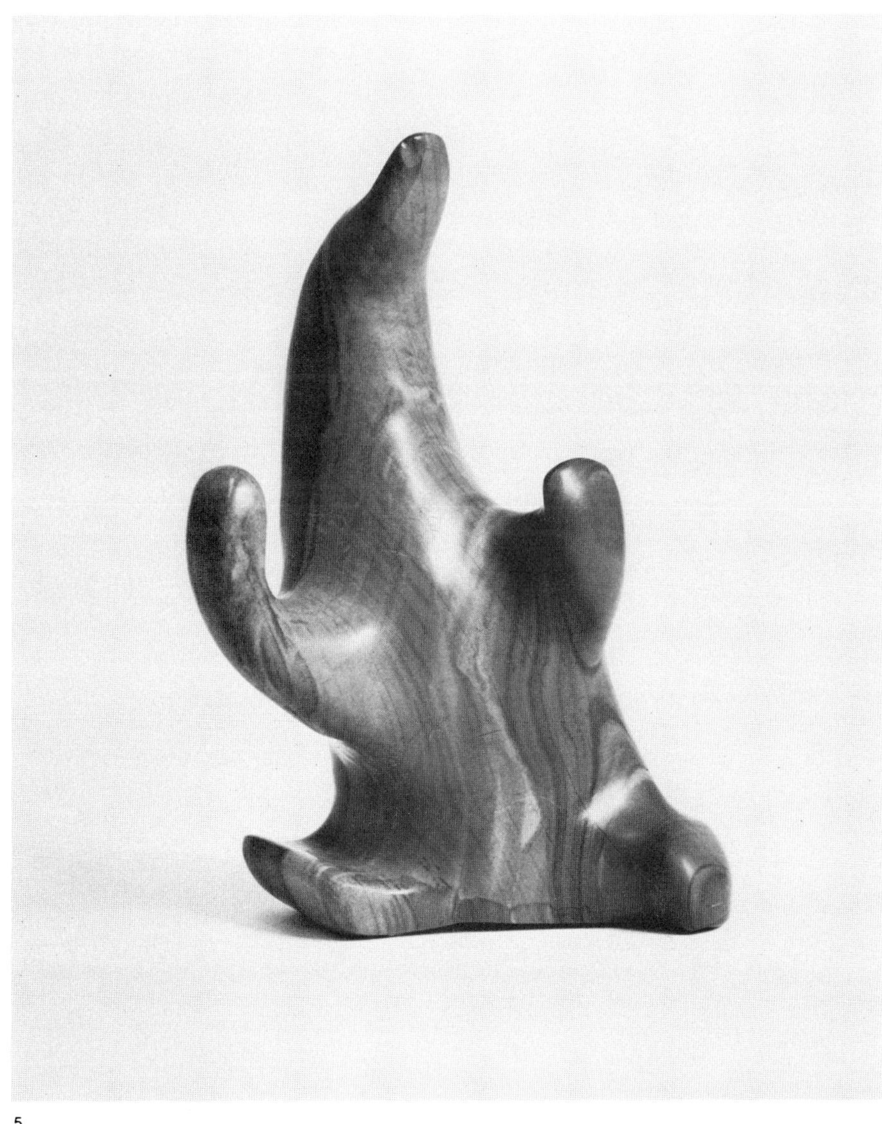

5
Paniluk Qamanirq
1935 -
Arctic Bay

Bear I Ours
c I vers 1971
striated green stone with iron
marks I pierre vert marbrée et veinée
de fer
130 x 83 x 90
signed I signé: E5 244
          Paneloo

private collection I collection
particulière

*People often say that I just make points here
and there, and get very good prices for doing
it. But its not just a case of polishing the
stone, I have an idea, which I put into it: an
idea of a being or an animal, or something.
Even though it may not be something
specific that I have in mind, it will give an idea
of a being, or a characteristic or a pose. If I
choose to do a particular animal, I'll give it a
special character or indicate what it's doing
or what it might be thinking about.*
interview with artist from Susan Cowan, ed.,
*We don't live in snowhouses now:
Reflections of Arctic Bay* (Ottawa: Canadian
Arctic Producers, 1976), p. 59. Sculpture
illustrated p.130.

*Les gens disent souvent que je me contente
de faire des pointes ici et là et que j'en tire de
bons prix. Mais il ne s'agit pas seulement de
polir la pierre. J'ai une idée, et je la réalise:
l'idée d'un homme ou d'un animal, ou de
quelque chose. Mais si ce n'est pas quelque
chose de précis que j'ai en tête, cela
suggèrera un homme ou donnera un
caractéristique ou une pose. Si je choisis de
faire un animal en particulier, je lui donne une
marque distinctive ou j'indique ce qu'il fait ou
ce qu'il pourrait être en train de penser.*
entrevue avec Paniluk Qamanirq, tirée de
Nous ne vivons plus dans des igloos, sous la
direction de Susan Cowan, (Ottawa: Editions
internationales Alain Stanké Ltée, 1978),
p.157

6
George Tattaniq (Tattenar)
1910 -
Baker Lake

Fox Woman ı Femme-renard
1971
grey stone ı pierre grise
319 x 108 x 80
signed ı signé: ᑕᑕᓇ

The Upstairs Gallery, Winnipeg

*It is a fox. The story I heard before was that
she turned into a woman. [One] leg has a
human foot and the other one [a] fox's paw.*
communication with artist, February 1979

*Il s'agit d'une renarde. Selon l'histoire que j'ai
entendue autrefois, elle s'est transformée en
femme. Elle a d'un côté une jambe et un pied
humains, de l'autre une patte de renard.*
communication de l'artiste, février 1979

7
Victor Aqatsiaq (Akatiak)
1937 -
Igloolik

Composition with Animals and
Birds ı Composition d'animaux et
d'oiseaux
c ı vers 1972
whale bone and ivory ı os de baleine et
ivoire
885 x 835 x 380
signed ı signé: ᐊᑲᑎᐊ

Vincent Tovell

8
Peter Sevoga
1940 -
Baker Lake

Family ı Famille
1972
green-black stone ı pierre vert noir
270 x 395 x 100
signed ı signé: ᐸᑕ ᓱᕗᒐ

Dr. and Mrs. R.M.Peet, Victoria

38

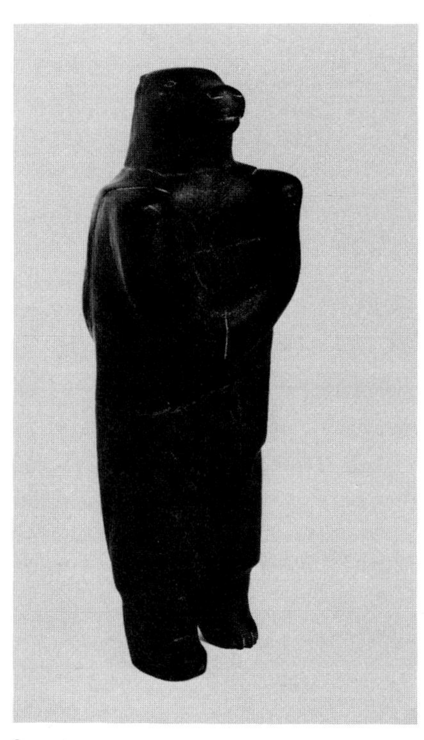

6

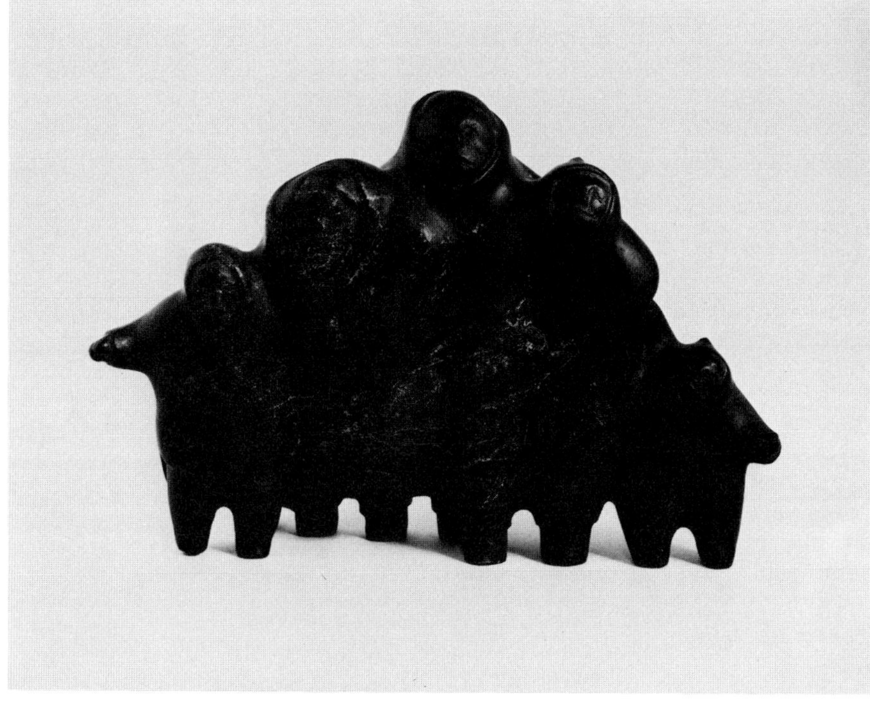

8

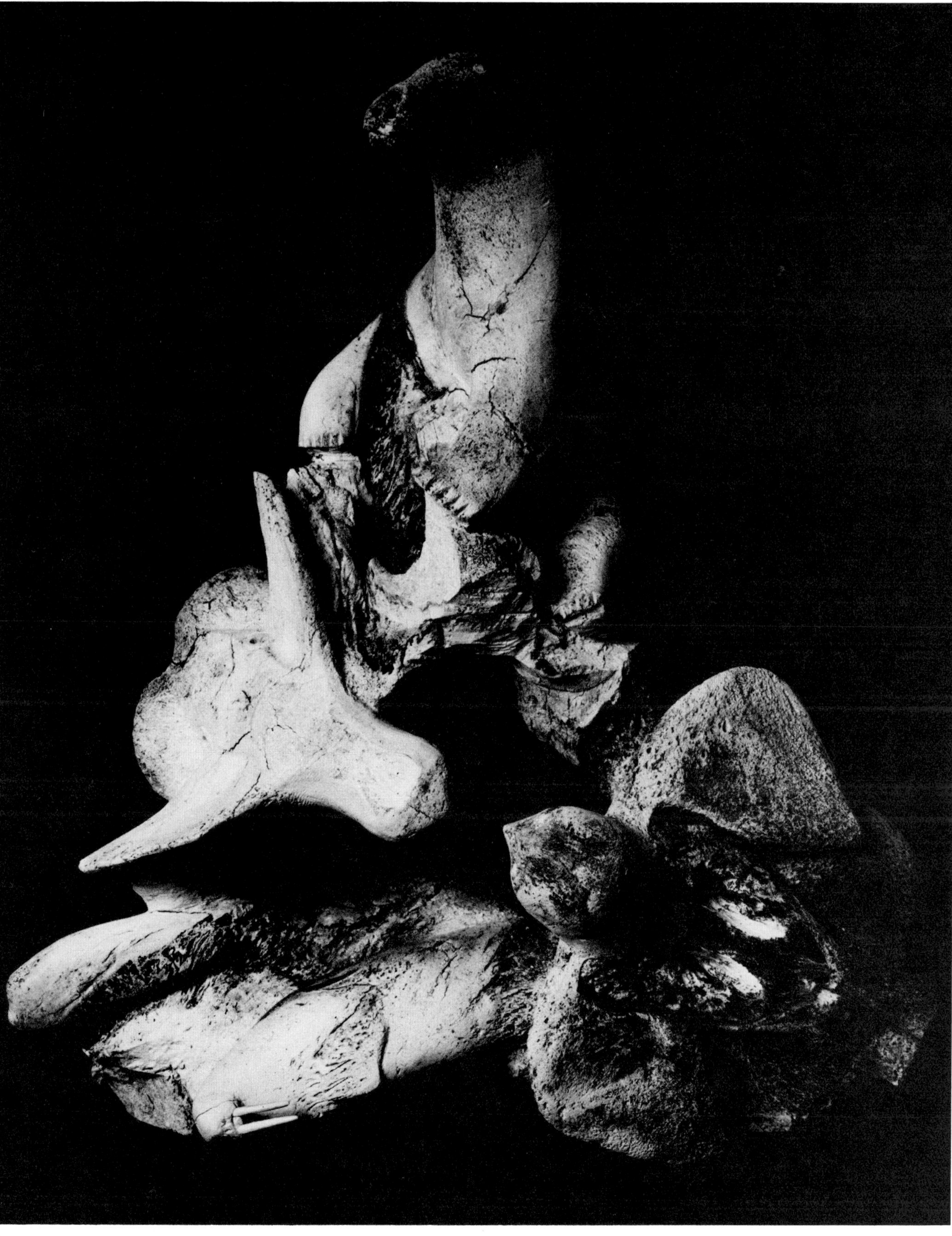

9
George Arlook (Arlu)
1949 -
Rankin Inlet
(Currently in Baker Lake
présentement à Baker Lake)

Man on Skidoo ı Homme assis sur un
skidoo
1973
black-grey stone ı pierre noir gris
100 x 102 x 70
unsigned ı non signé

The Upstairs Gallery, Winnipeg

10
Sakkiassee Anaija
1913 -
Spence Bay

Sea Spirit with Lamp ı Esprit marin avec
une lampe
c ı vers 1974
dark green stone ı pierre vert foncé
45 x 108 x 50
signed ı signé: © ◁ᐊᐃ

Alistair & Betty Bell, Vancouver

11
Charlie Kittosuk
1927 -
Belcher Islands

Janus Head ı Tête de Janus
1973
green stone ı pierre verte
382 x 140 x 255
signed ı signé: E 9 - 109 ᖑᐦ ᑉᐅᒡ

The Inuit Gallery of Eskimo Art, Toronto

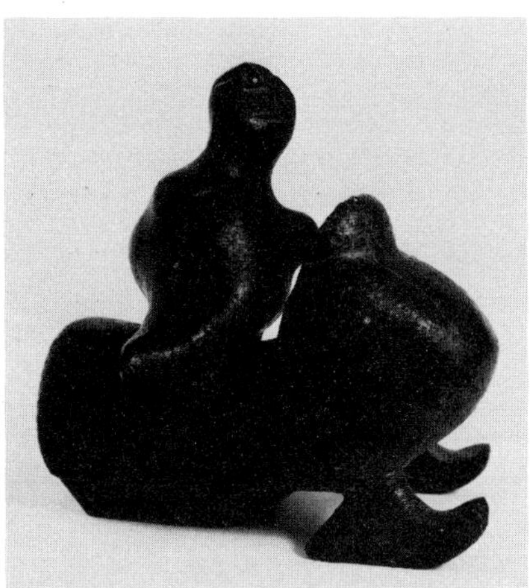

9

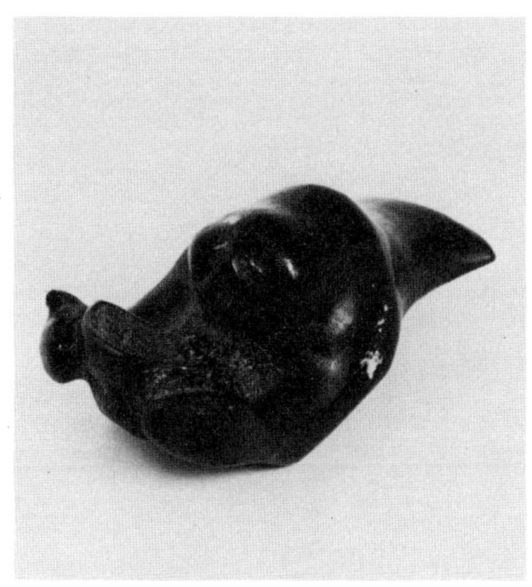

10

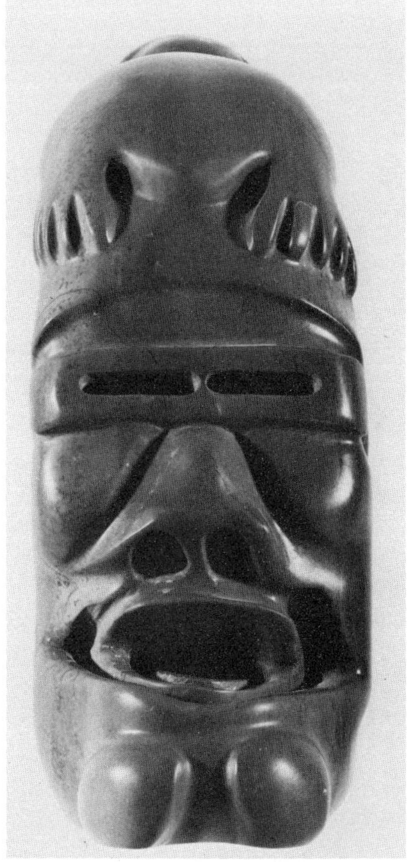

11

12
Karoo Ashevak
1940 - 1974
Spence Bay

Spirit ׀ Esprit
1973-1974
whale bone and sinew (facsimile) ׀ os
de baleine et tendon (reproduction)
400 x 625 x 100
unsigned ׀ non signé

INA ׀ AIN

41

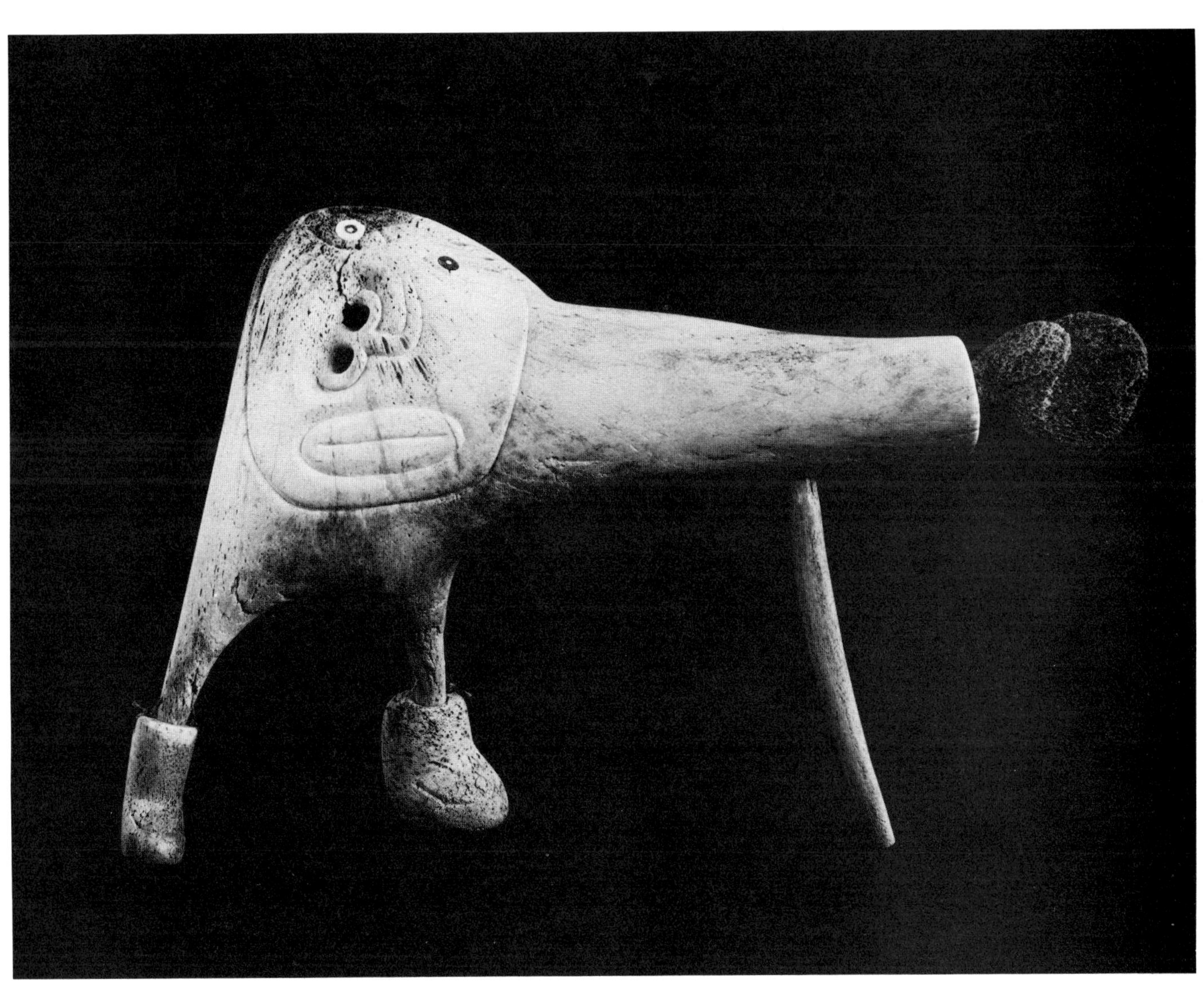

13
Mariano Aupilarjuk
1923 -
Repulse Bay
(currently in Whale Cove
présentement à Whale Cove)

Bird and Seal on Rock ı Oiseau et
phoque sur un rocher
c ı vers 1974
green stone and ivory ı pierre verte et
ivoire
85 x 75 x 75
signed ı signé: ◁▷ᐱᒧ

Harry Klamer family collection
Collection de la famille de Harry Klamer,
Toronto

14
Bernadette Iguptaq Tongelik
1931 -
Repulse Bay

Legend of Lumaiyo ı Légende de
Lumaiyo
c ı vers 1974
ivory, caribou antler, sinew ı ivoire, bois
de caribou, tendon
108 x 310 x 170
unsigned ı non signé

Dr. & Mrs. David Brodovsky, Winnipeg

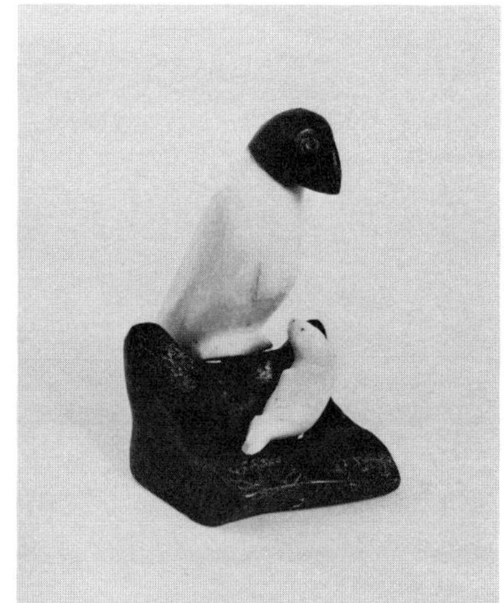

13

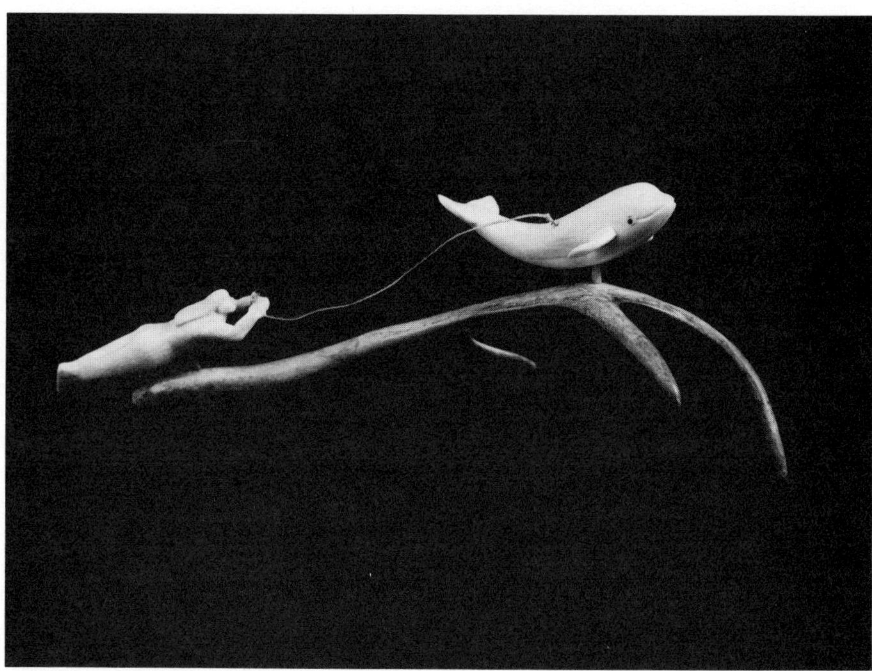

14

15
attributed to I attribuée à
Simon Kirnik
1913 -
Gjoa Haven

Head with Goggles I Tête portant des
lunettes à neige
c I vers 1974
green stone, wood, ivory I pierre verte,
bois, ivoire
146 x 74 x 105
unsigned I non signée

Exh I Exp: Canadian Arctic Producers
and The Innuit Gallery, *From the bottom
of the kudlik — Carvings and artifacts
from Gjoa Haven 1974* I *Du fin fond des
âges — Sculptures et objets de Gjoa
Haven 1974.*

INA I AIN

16
Nicholas Qayotinuak
1909 -
Gjoa Haven

Spirit Figures I Figures d'esprits
1974-1977
dark green stone, ivory I pierre vert
foncé et ivoire
100 x 155 x 45
unsigned I non signé

Mr. and Mrs. Ira Young, Vancouver

43

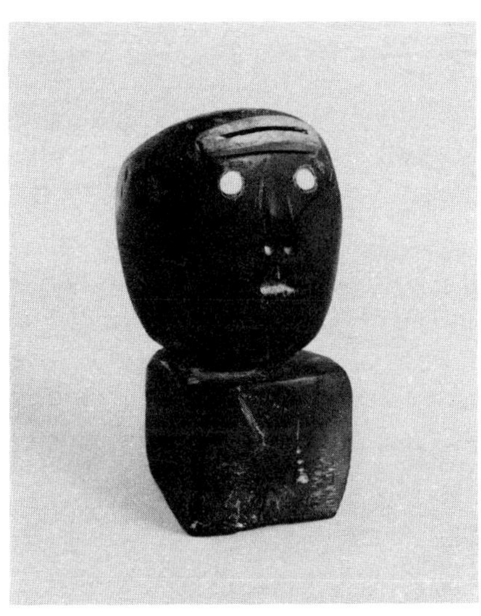

15

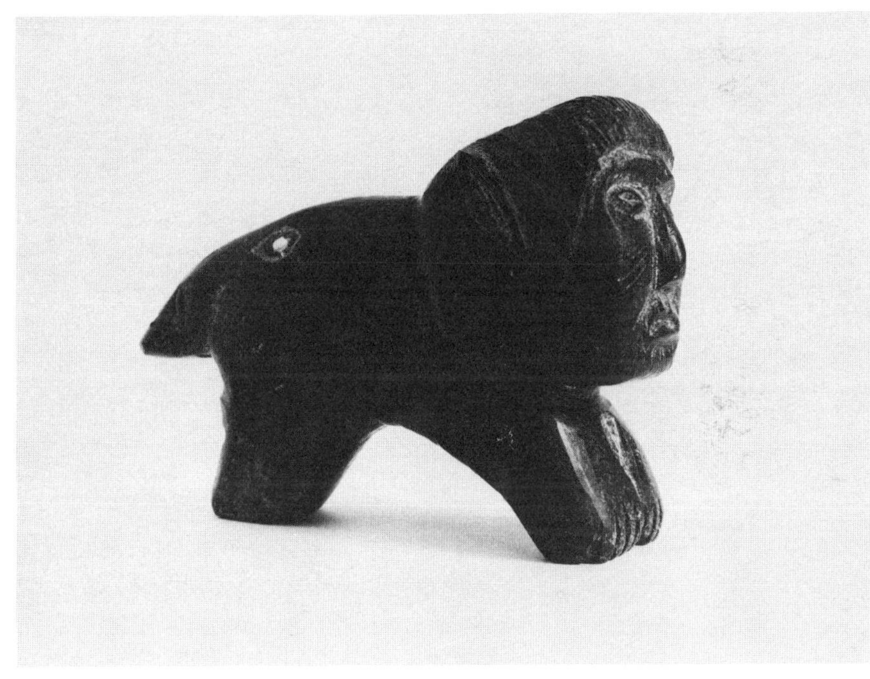

16

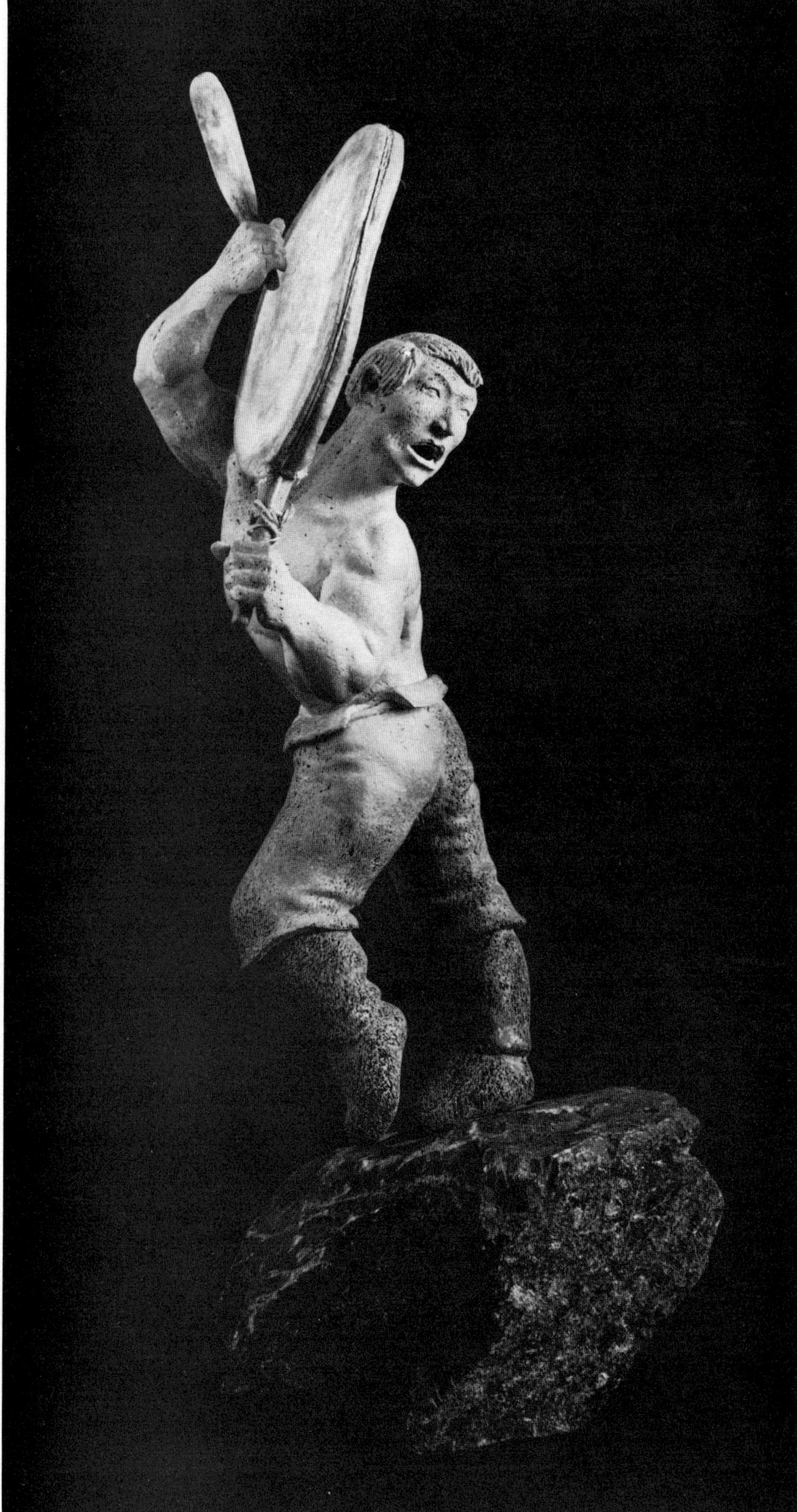

18

18
Davie (Teevee) Atchealak
1947 -
Pangnirtung

Drummer ı Tambour
1974
whale bone, stone, sealskin (scraped,
dehaired) ı os de baleine, pierre, peau
de phoque (grattée, dépilée)
674 x 305 x 335 (overall ı hors tout)
555 x 240 x 213 (drummer ı tambour)
unsigned ı non signé

private collection ı collection
particulière, Montreal

*Long ago, Inuit used to gather in numbers for
the drum dance. Often in the fall, coming
back from the summer caribou hunt, people
would gather from different camps for the
festivities. In the winter they would use an
igloo for their dance house. This man is
stripped to the waist because the drumming
is so strenuous. You can see the drummer's
arm and back muscles. He has never
exercised as such, but the hard life the Inuk
lives has given him all those muscles.*
communication with artist, March 1979.

*Il y a longtemps de cela, les Inuit avaient
coutume de se réunir en grand nombre pour
la danse du tambour. Souvent, à l'automne,
en revenant de la chasse d'été au caribou,
les gens venaient de différents campements
et se rassemblaient pour les festivités. En
hiver, ils utilisaient un igloo en guise de salle
de danse. Cet homme est nu jusqu'à la taille
parce que c'est très fatiguant de jouer du
tambour. Vous pouvez voir les muscles de
ses bras et de son dos. Il n'a jamais fait
d'exercice comme tel, mais la vie dure que
mène cet Inuit lui a fait tous ces muscles.*
communication de l'artiste, mars 1979.

17
Adamie Veevee
1950 -
Pangnirtung

Adult and Child ı Adulte et enfant
1973-1974
whale bone ı os de baleine
740 x 250 x 360
signed ı signé: ◁⊂Γ

Exh ı Exp: Halifax, Saint Mary's
University Art Gallery, *Ars Sacra '77*
1977, 75

INA ı AIN

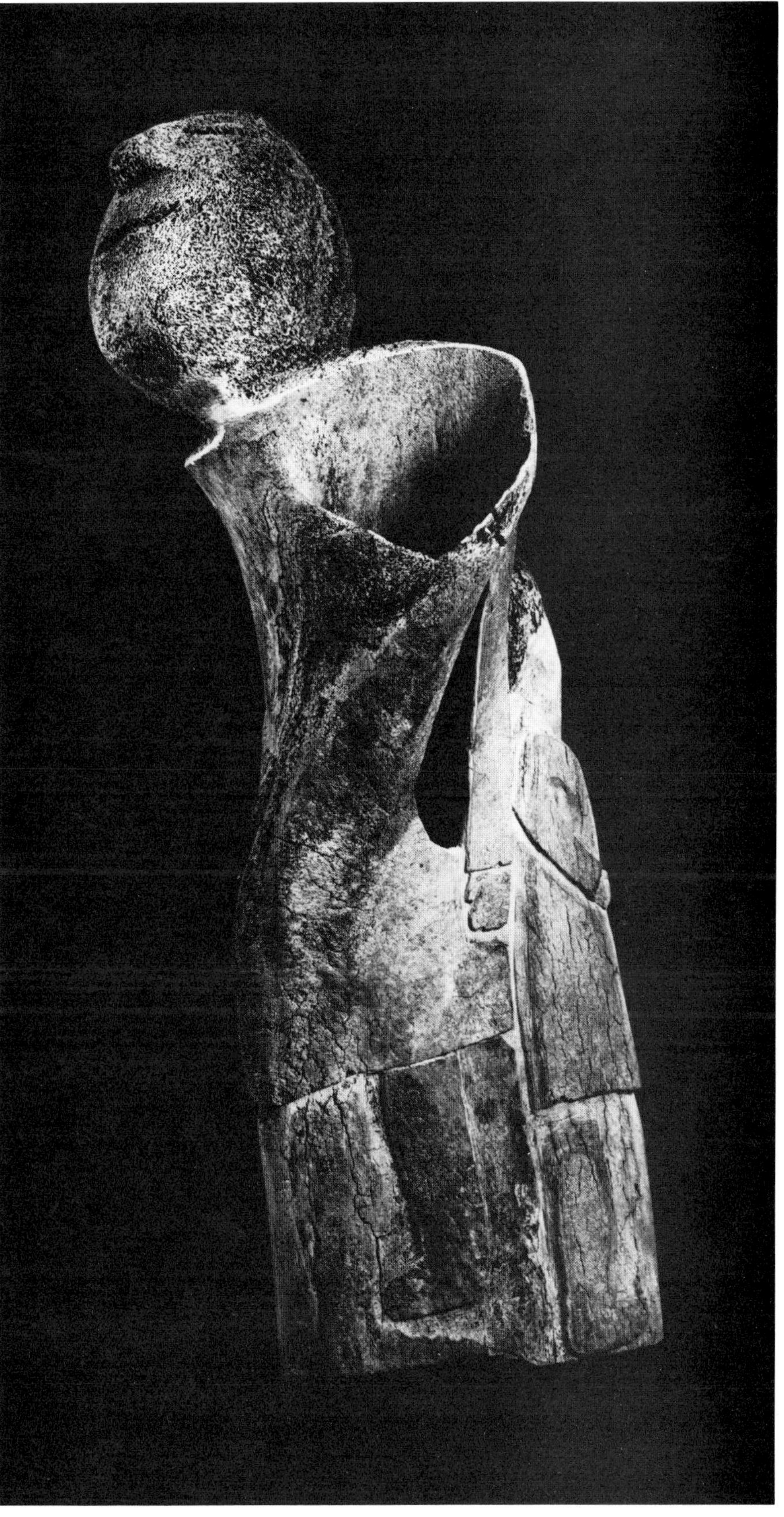

19
Thomas Sivuraq
1941 -
Baker Lake

Shaman and Animals ı Chaman et
animaux
1974
green-black stone, caribou
antler ı pierre vert noir, bois de caribou
487 x 477 x 235

signed ı signé: 1974 © ᑐᓕᕋ ᕚᐳᐤ

Exh ı Exp: The Winnipeg Art Gallery,
*The Zazelenchuk Collection of Eskimo
Art,* 1978, 40.

Stanley & Jean Zazelenchuk, on loan
to ı prêtée à The Winnipeg Art Gallery

20
Luke Iksiktaaryuk
1909 - 1977
Baker Lake

Shaman ı Chaman
1974
caribou antler , stone, fur, leather ı bois
de caribou, pierre, fourrure, cuir
642 x 482 x 470
unsigned ı non signé

Exh ı Exp: AGO, *The People
Within ı Les Gens de l'Intérieur,*
Toronto, 1976, 84; The Winnipeg Art
Gallery, *The Zazelenchuk Collection of
Eskimo Art,* 1978, 11.

Stanley & Jean Zazelenchuk, on loan
to ı prêtée à The Winnipeg Art Gallery

46

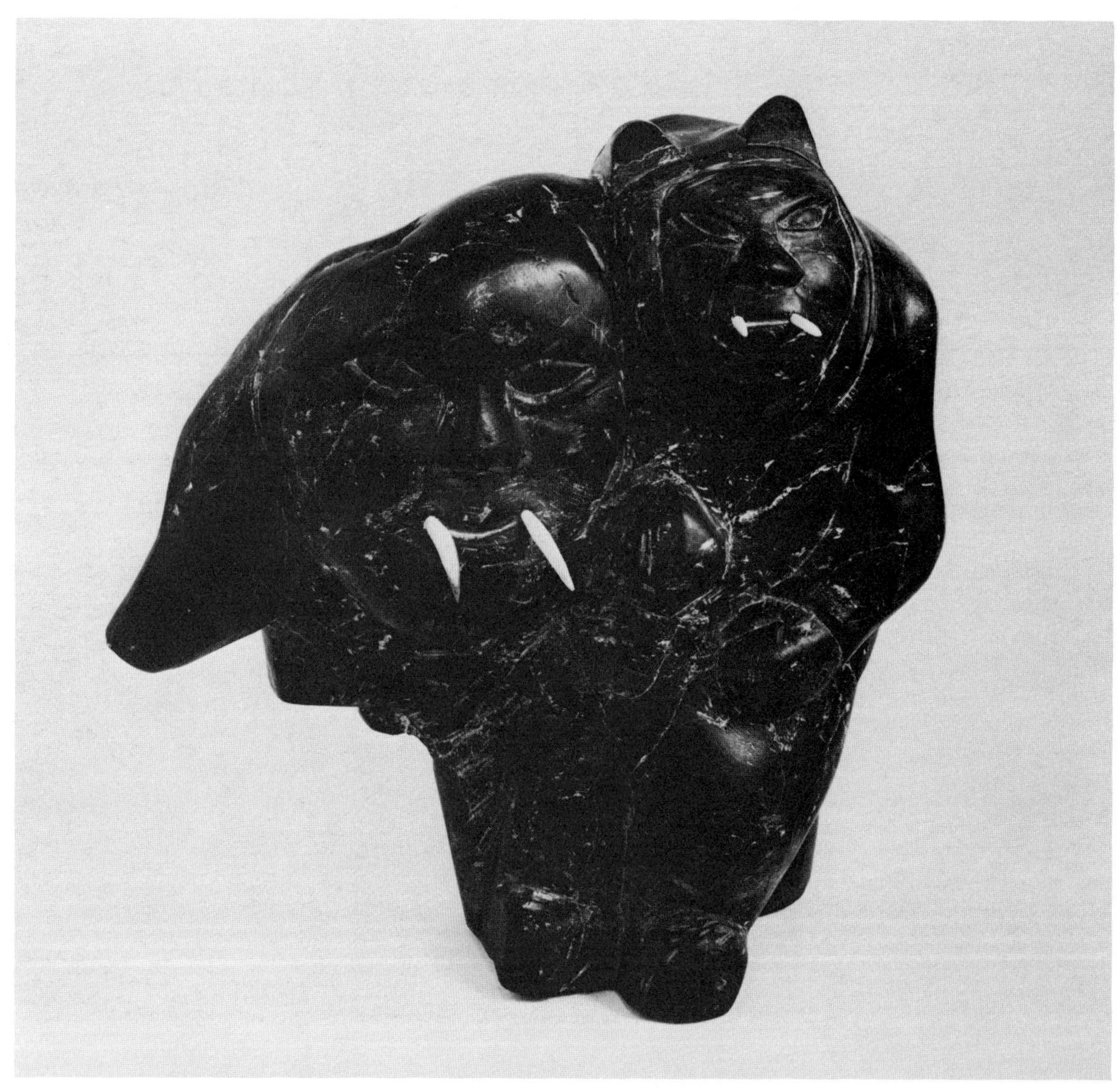

19

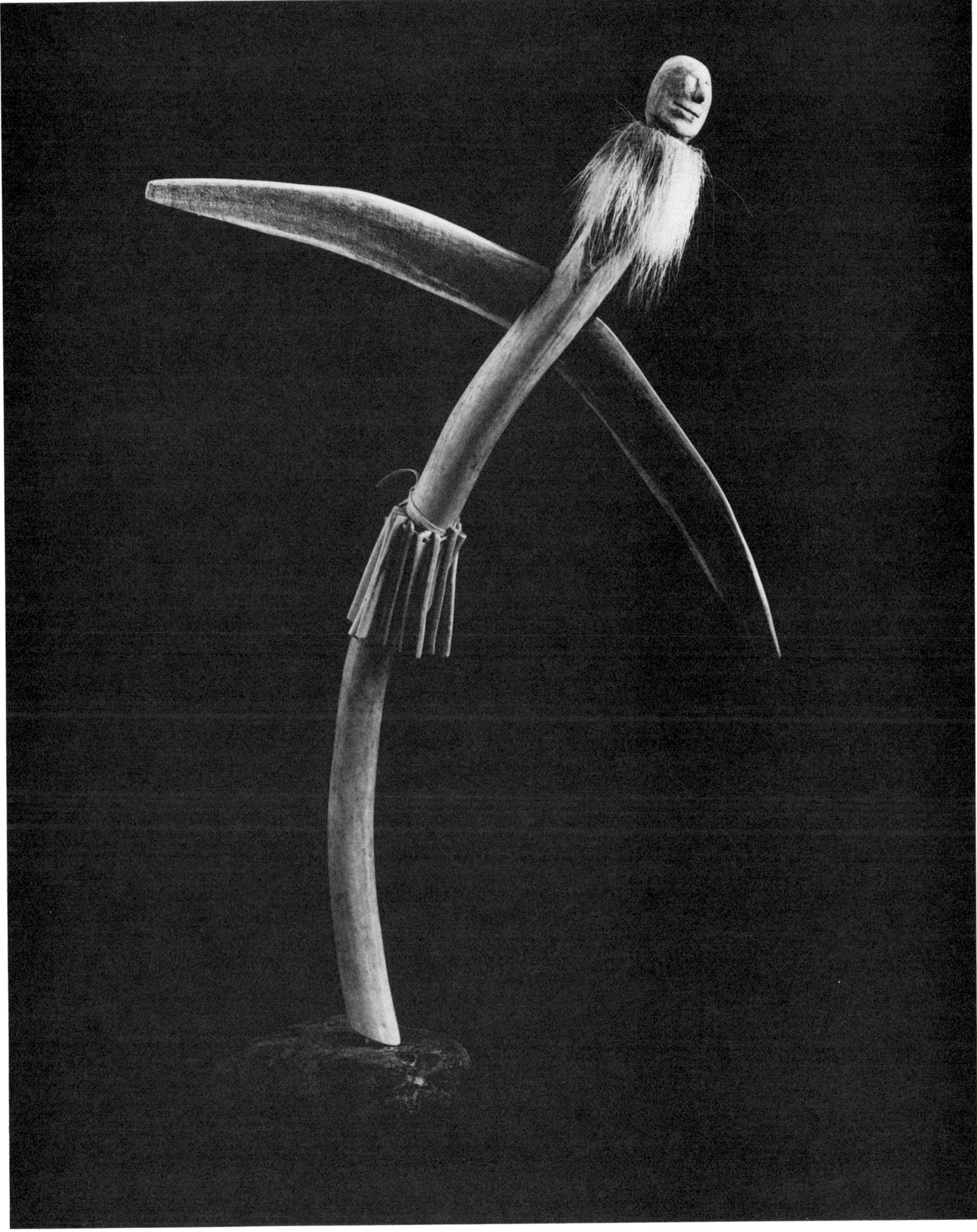

21
Kumakuluk Saggiak
1954 -
Cape Dorset

Young Owl I Jeune Harfang
1974
dark green stone I pierre vert foncé
286 x 360 x 205
signed I signé: Kumakuluk Saggiak
Cape Dorset, NWT
1974

private collection I collection
particulière, Toronto

*Kumakuluk reports that he remembers this
sculpture well and thinks it one of his best. It
took him a week to carve it. The young ookpik
is learning to fly and is just taking off.*
communication with artist, April 1979

*Kumakuluk raconte qu'il se souvient bien de
cette sculpture et pense qu'elle est une de ses
meilleures. Il a pris une semaine à la travailler.
Le jeune ookpik apprend à voler et est en train
de s'envoler.*
communication de l'artiste, avril 1979

22
Romeo Eekerkik
1923 -
Eskimo Point

Family I Famille
1974
caribou antler, sinew I bois de caribou,
tendon
195 x 340 x 110
signed I signé: © ᐃᑦ
May 1974

INA I AIN

48

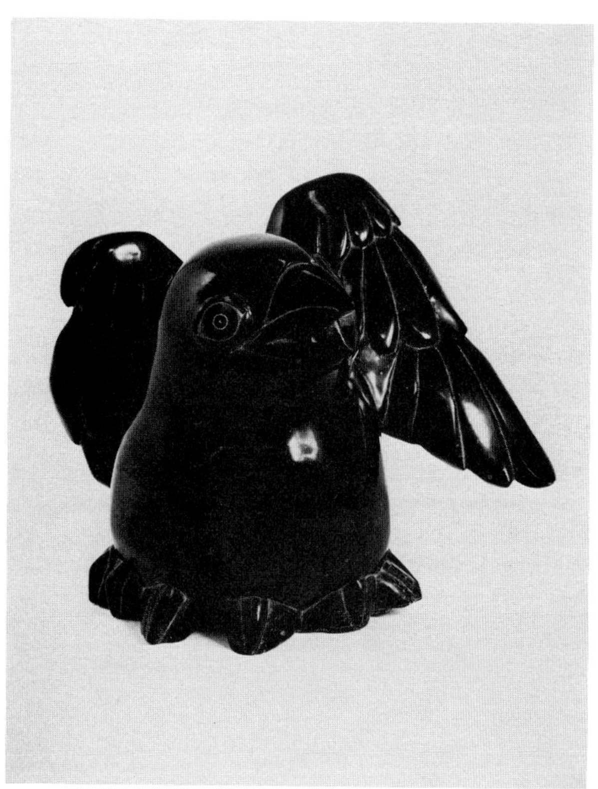

21

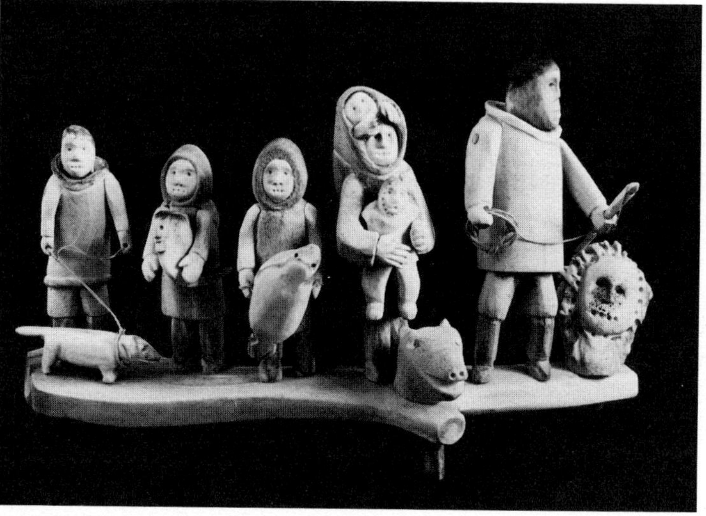

22

23
Charlie Panigoniak
1946 -
Eskimo Point and ı et Rankin Inlet

Guitarist and Dancer ı Guitariste et
danseur
1974
grey stone, caribou antler ı pierre grise et
bois de caribou
68 x 89 x 69
signed ı signé: ᐸᓂᒍᓂᐊ
E5-13

Lorne Balshine, Vancouver

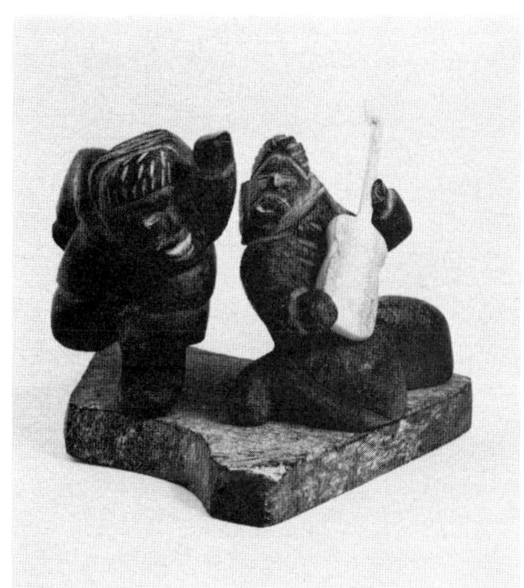

23

24
Vital Makpaq (Makpa)
1922 - 1978
Baker Lake

Musk Ox and Weasel ı Boeuf musqué
belette
1974-1975
black stone and ivory ı pierre noire et
ivoire
145 x 215 x 140
signed ı signé: ᓚᐸ

Mr. & Mrs. Sam Sarick, Toronto

49

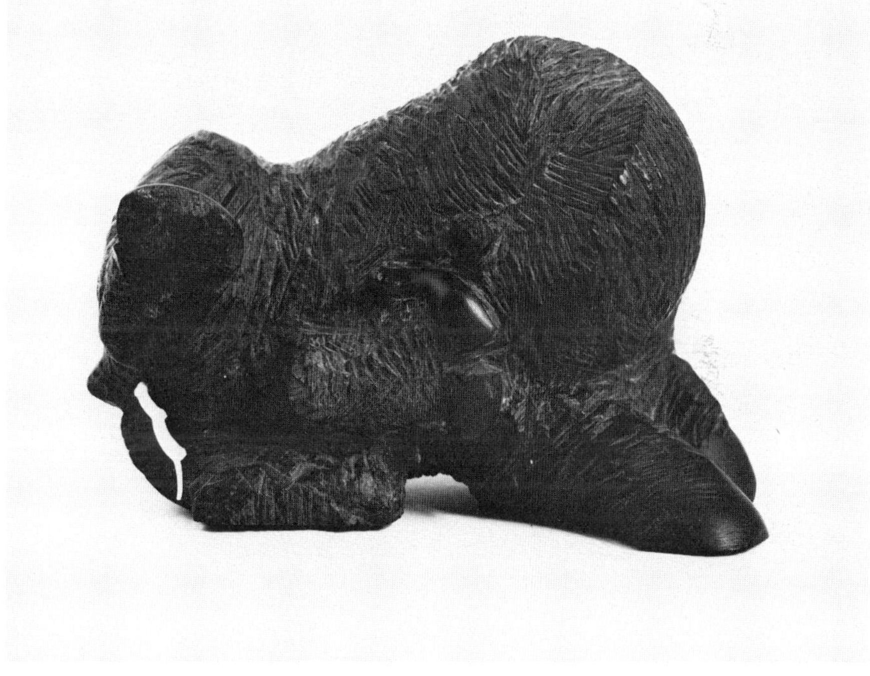

24

25
Philip Kunook Pitseolak
1938 -
Pond Inlet

Musk Ox Horns with Narwhals and
Walrus Head | Cornes de boeuf musqué
avec narvals et tête de morse
1975
musk ox horns, whale bone,
ivory | cornes de boeuf musqué, os de
baleine, ivoire
290 x 625 x 256
signed | signé: Pitseoolak Pond Inlet

Canadiana Galleries, Edmonton

50

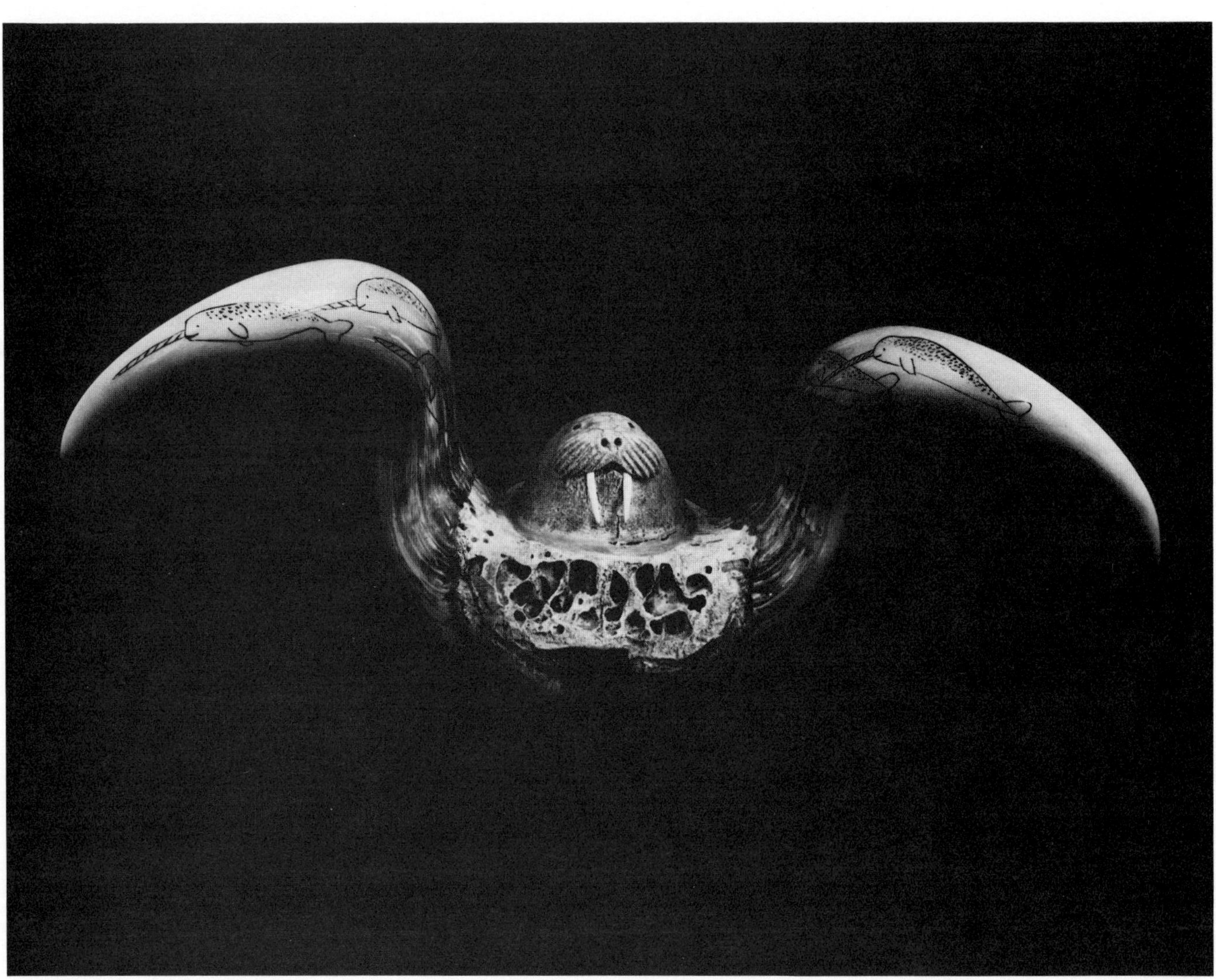

25

26
Sheokju Oqutuq
1920 -
Cape Dorset

Loon ı Huart
1975
green stone ı pierre verte
130 x 276 x 142
signed ı signé: ᔅᐅᔾ & ᐅᒃᑕ ᑭᖦᐃ

private collection ı collection
particulière, Toronto

*I try to carve them [loons] very fine, I only use a
saw to carve, I never use an axe like a lot of
people do ... I have built houses and made
boats. Making a carving is harder work that
making a house or making a boat.*
interview by Marion Jackson, Cape Dorset,
January 1979

*J'essaie de les sculpter (les huarts) très
finement, je ne me sers que d'une scie pour r
sculpter. Je ne me sers jamais d'une hache
comme beaucoup le font ... J'ai construit des
maisons et fait des bateaux. Sculpter est un
travail plus difficile que faire une maison ou un
bateau.*
entrevue par Marion Jackson, Cape Dorset,
janvier 1979

27
John Kavik
1897 -
Rankin Inlet

Man ı Homme
1975
black stone ı pierre noire
344 x 260 x 156
unsigned ı non signé

Exh ı Exp: The Winnipeg Art Gallery, *The
Zazelenchuk Collection of Eskimo Art,*
1978, 103.

Stanley & Jean Zazelenchuk, on loan
to ı prêtée à The Winnipeg Art Gallery

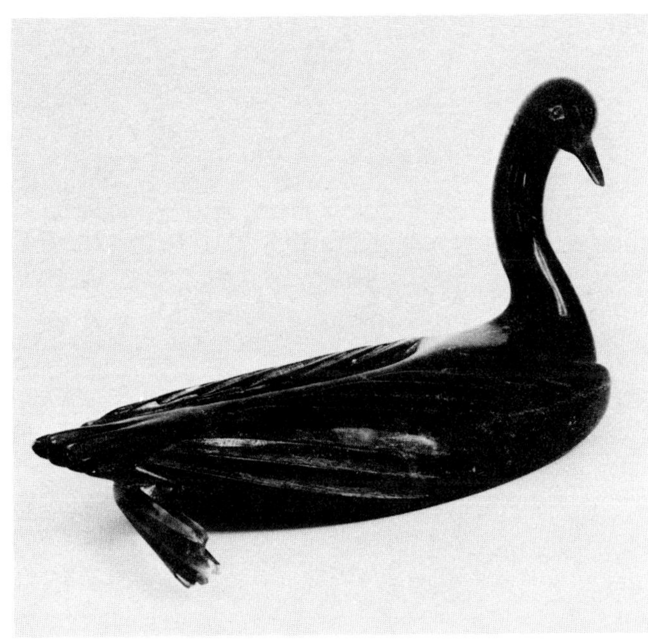

26

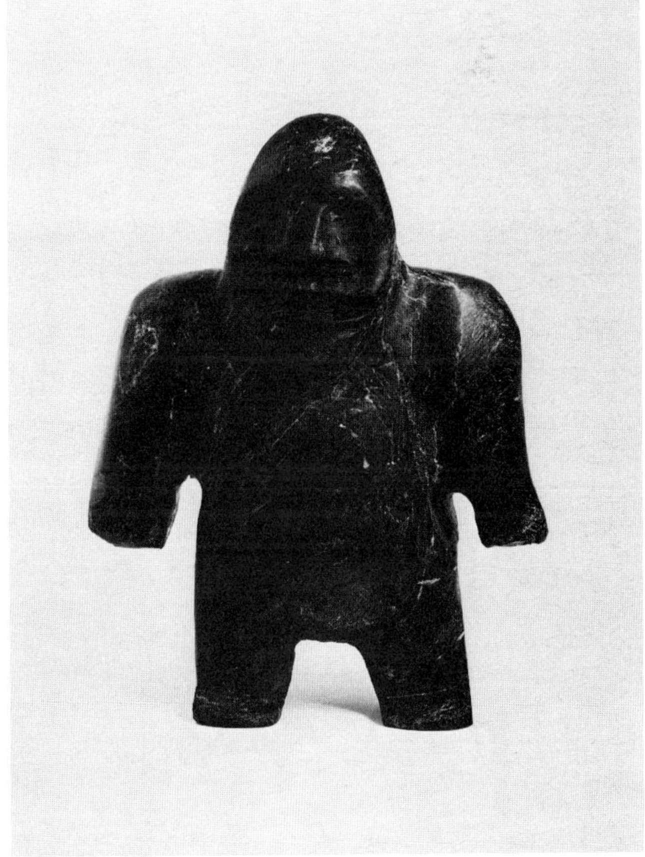

27

28
Davidialik Ammitu Alasuaq
1910 - 1976
Povungnituk

Hunter and Mermaid I Le chasseur et la
sirène
1976
grey stone and black colouring I pierre
grise et teinture noire
200 x 355 x 120
signed I signé: ∩ᐱ∩ ᐊᒡᑐ ᐅᓂᑲᐅᐊ

Mr. & Mrs. John R. Murray, Winnipeg

*While walking on the beach one day, the
hunter, Nujuarlutuq, ... saw something move. It
was a mermaid who needed help. He went
closer and she asked him to help her get back
into the water, without touching her, by
pushing her with a stick. If he touched her, he
would get stuck. So, he pushed her into the
water with a piece of wood. Then, she asked
him what he would like to have as a reward. He
chose a gun, a sewing machine and a record
player ...*

*Un chasseur, Nujuarlutuq, marchait un jour sur
la plage ... lorsqu'il vit une forme qui bougeait.
Cette forme était une sirène qui avait besoin
d'aide. Il s'approcha et elle lui demanda de
l'aider à rejoindre l'eau mais sans la toucher,
en la poussant avec un bâton. S'il la touchait il
resterait collé. Il la poussa donc dans l'eau
avec un morceau de bois. Elle lui demanda
alors ce qu'il aimerait recevoir comme
récompense. ... Il choisit donc un fusil, une
machine à coudre et un tourne-disque. ...*

recorded by I recueilli par Davidialuk in 1971
and I et published in I publié dans Bernard
Saladin d'Anglure et al, *La parole changée en
pierre: Vie et oeuvre de Davidialuk Alasuaq,
artiste inuit du Québec arctique* (Québec:
L'Imprimerie Laflamme, 1978), p.80.

52

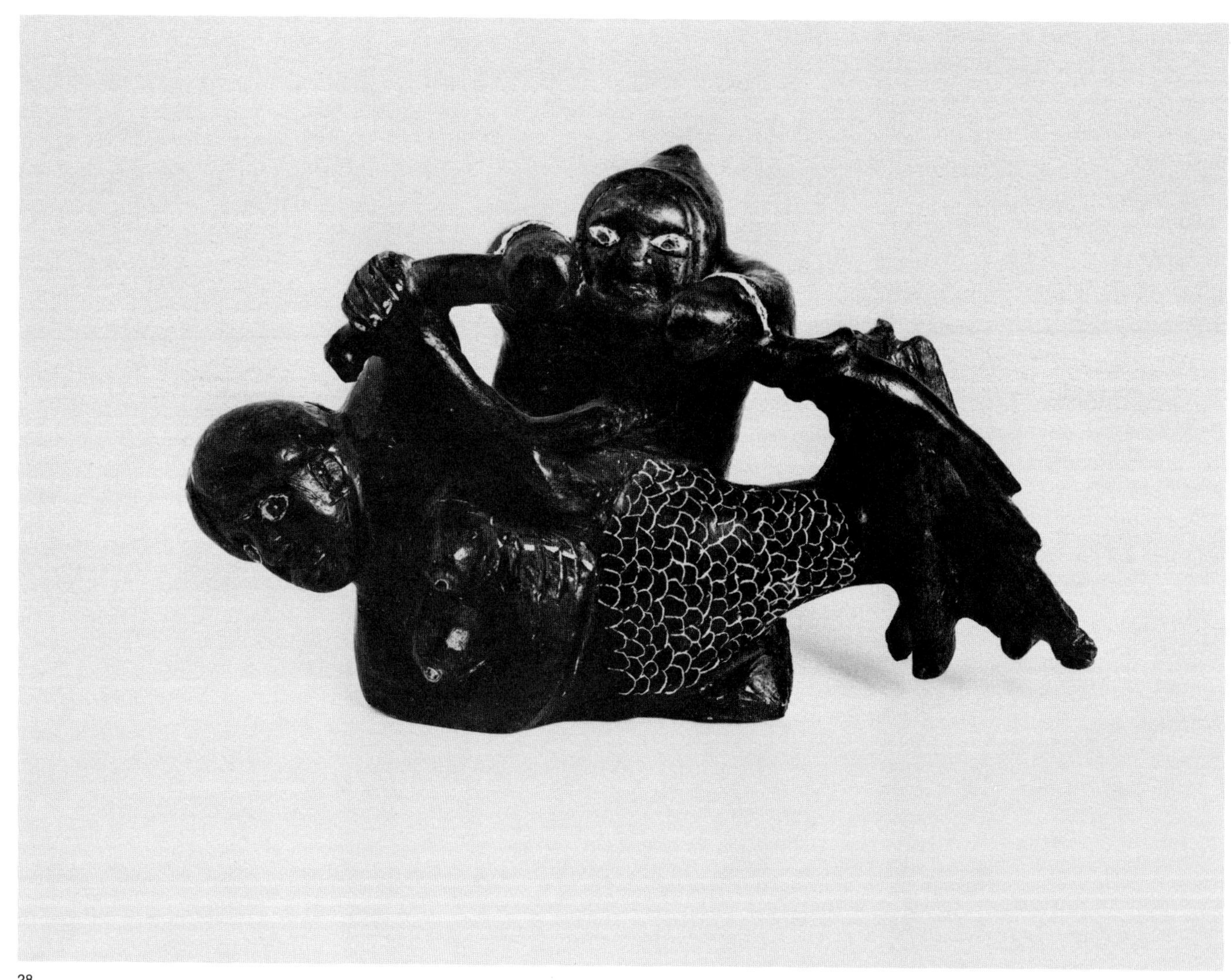

28

29
Joe Talirunili
1899 - 1976
Povungnituk

Hunter ı Chasseur
1976
stone, sinew, wood, plastic, black
colouring ı pierre, tendon, bois,
plastique, teinture noire
170 x 92 x 160
signed ı signé: Joe

Marybelle Myers, ed., *Joe Talirunili: "a
grace beyond the reach of art"* (Montréal:
La Fédération des coopératives du
Nouveau-Québec, 1977), p. 25.

INA ı AIN

30
Joe Talirunili
1899 - 1976
Povungnituk

Mother and Child ı Mère et enfant
c ı vers 1976
stone, black colouring ı pierre, teinture
noire
145 x 65 x 60
signed ı signé: Joe

Marybelle Myers, ed., *Joe Talirunili: 'a
grace beyond the reach of art'*, (Montréal:
La Fédération des coopératives du
Nouveau-Québec, 1977), p 21,22.

INA ı AIN

31
Henry Evaluarjuk
1923 -
Frobisher Bay

Head ı Tête
1976
green stone ı pierre verte
140 x 90 x 125
signed ı signé: © Henry ᐃᕗᓗᐊᕐ
                        1976

Harry Klamer family collection
Collection de la famille de Harry Klamer,
Toronto

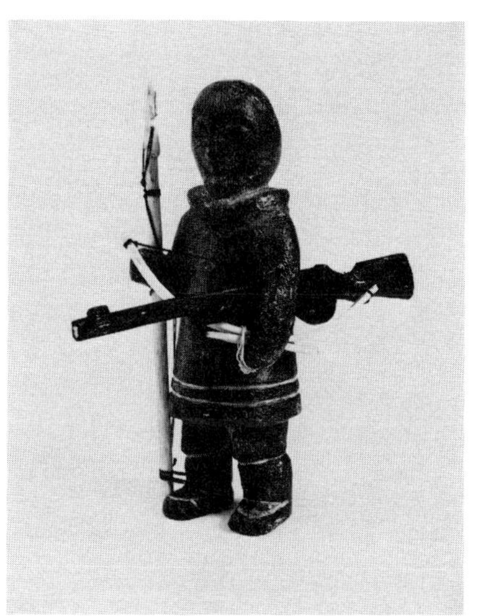

29

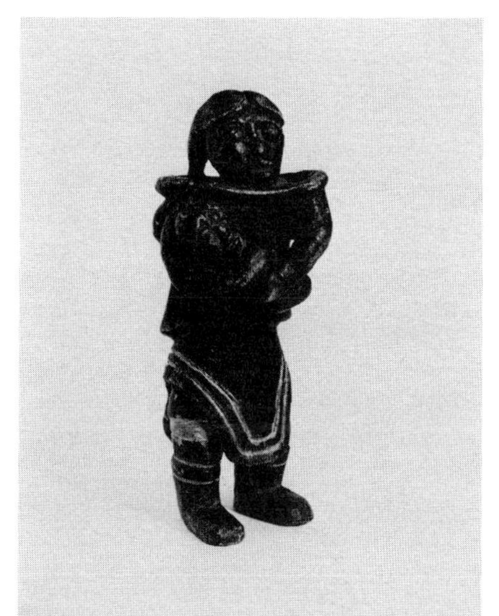

30

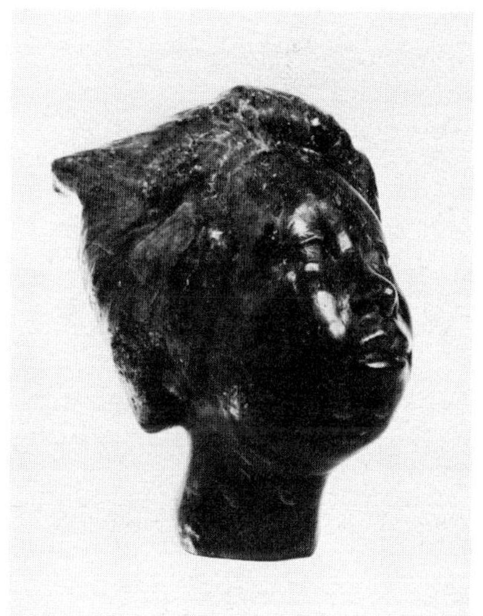

31

32
Simon Qamanirq
1953 -
Arctic Bay

Musk Ox ı Boeuf musqué
1976-1977
green stone and musk ox horn ı pierre
verte et corne de boeuf musqué
118 x 80 x 190
unsigned ı non signé

Gallery of the Arctic, Victoria

54

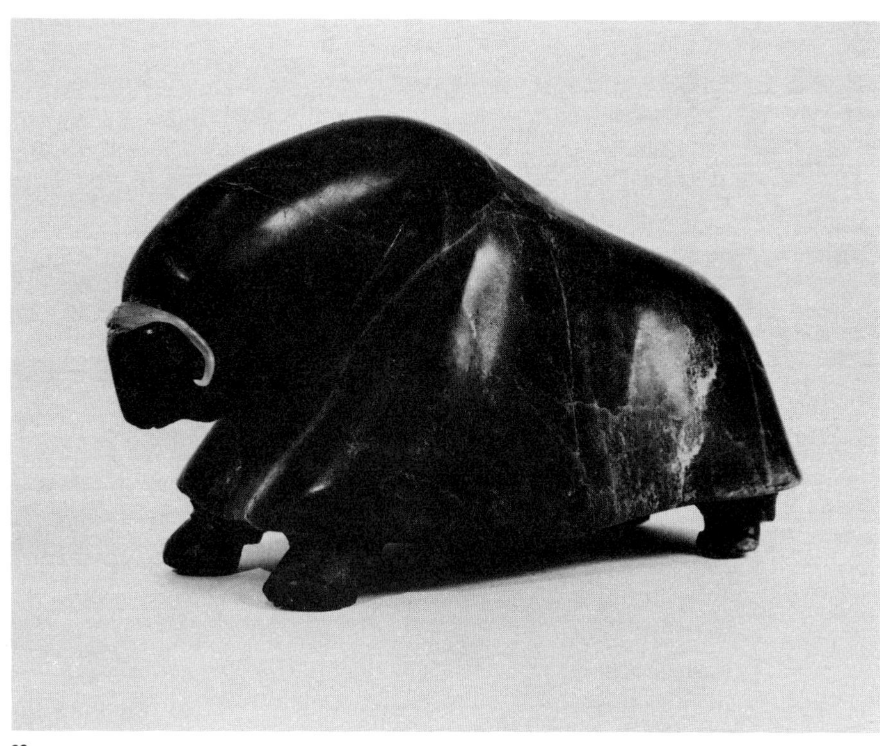

32

33
Pierre Karlik
1931 -
Rankin Inlet

Mother and Child ı Mère et enfant
1976-1977
grey stone and caribou antler ı pierre
grise et bois de caribou
350 x 285 x 320
signed ı signé: Pierre Karlik

INA ı AIN   ᐱᐊᓗ ᖃᕐᓕ

*The woman is out collecting moss for the fire
and for beds. She scrapes it from the ground
with the shovel-like bone in her hand. Because
she is away from the camp, she must be
careful of animals. The sculpture is of that
moment when she stops her work to look
around her.*
communication with artist, April 1979

*La femme est partie cueillir de la mousse pour
le feu et les lits. Elle la détache du sol au moyen
d'un os en forme de pelle. Parce qu'elle s'est
éloignée du camp, elle doit se méfier des
animaux. La sculpture représente le moment
précis où elle s'arrête de travailler pour jeter un
coup d'oeil autour d'elle.*
communication de l'artiste, avril 1979

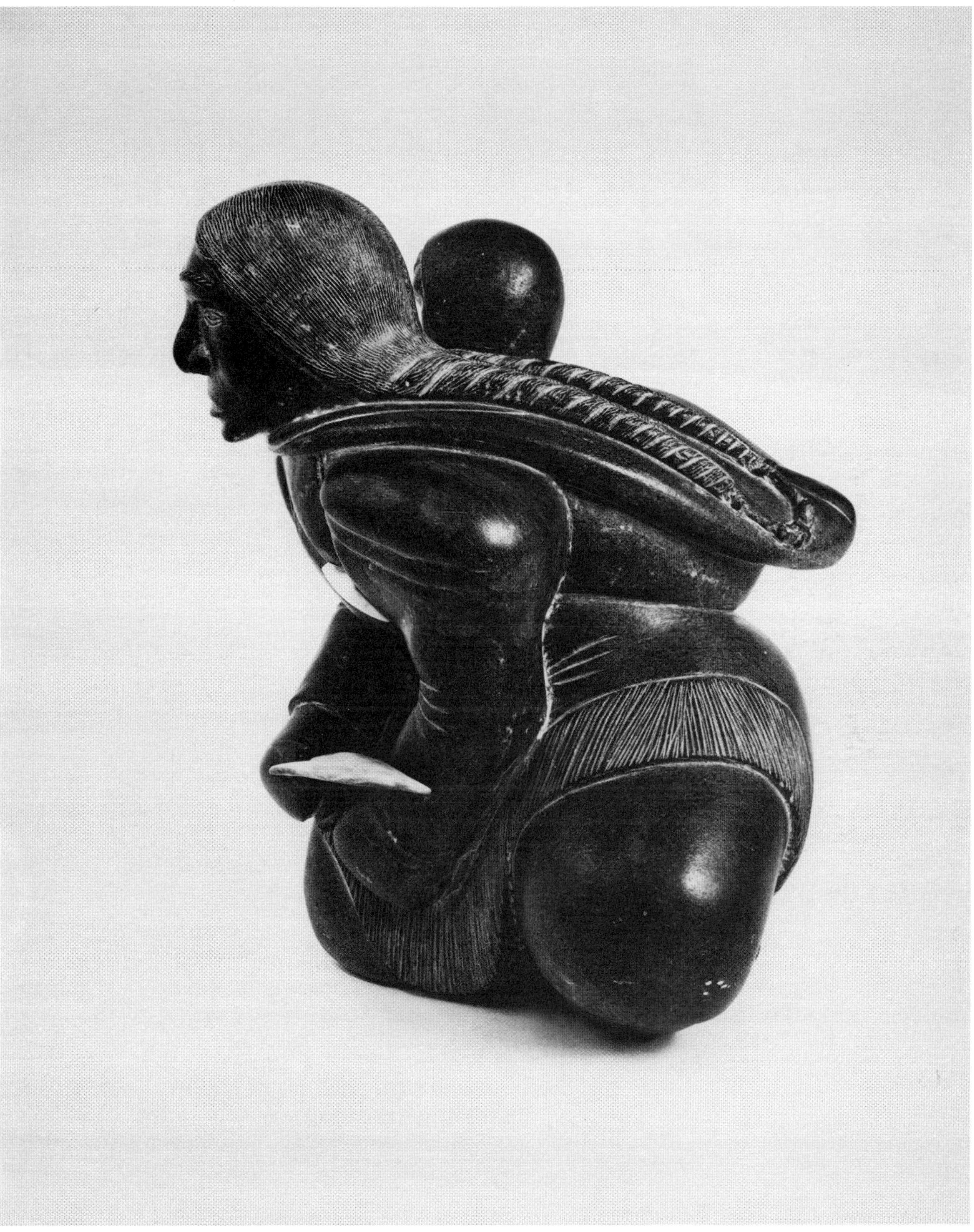

34
Thomassie Kudluk
1910 -
Bellin (Payne Bay)

Mother and Child ı Mère et enfant
c ı vers 1977
grey stone and black colouring ı pierre
grise et teinture noire
123 x 75 x 38
signed ı signé: ⊃L⁄ ᑲᑕ

CES ı SCE

Inscription on back reads:
*She is cleaning the skin and must stop to feed
the baby who is crying. Her hands are dirty.*

L'inscription à l'endos se lit comme suit:
*Elle est en train de nettoyer la peau et doit
s'arrêter pour nourrir le bébé qui pleure. Ses
mains sont sales.*

35
Thomassie Kudluk
1910 -
Bellin (Payne Bay)

Woman in Traditional Dress ı Femme
vêtue du costume traditionnel
1977
grey stone, ivory, tanned strips of caribou
hide, wood, paint ı pierre grise, ivoire,
bandelettes de cuir de caribou, bois,
peinture
282 x 140 x 145
unsigned ı non signé

Ian Lindsay

56

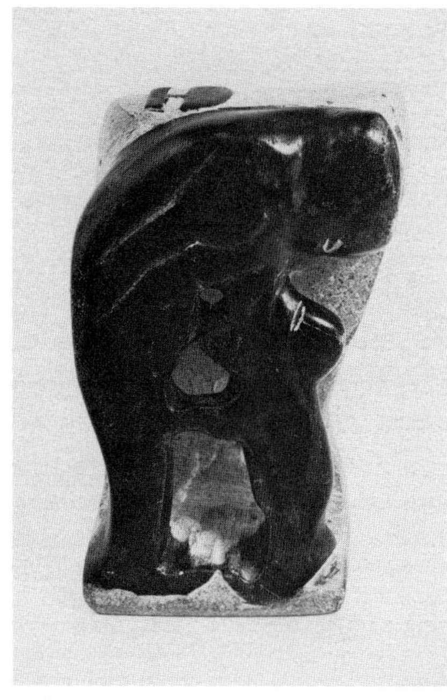

34

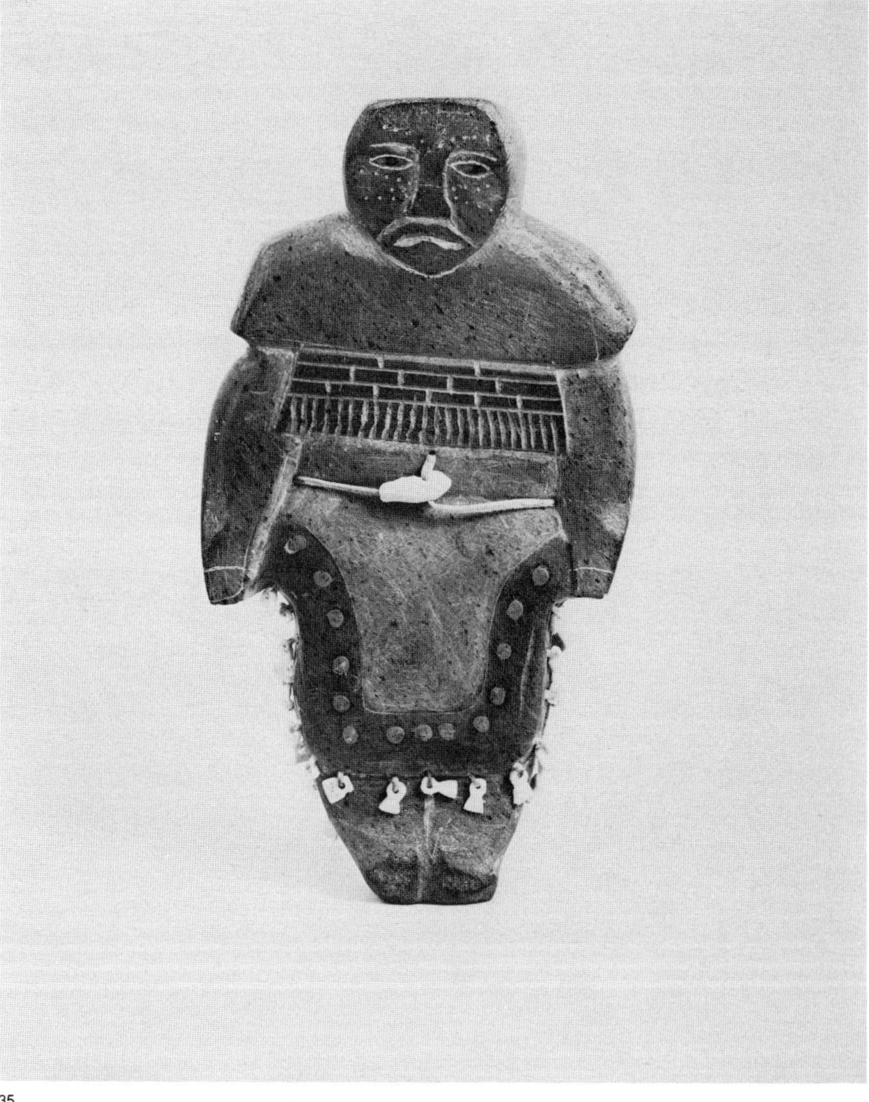

35

36
Enook Manomie
1941 -
Frobisher Bay
(currently in Victoria
présentement à Victoria)

Bear and Walrus ǀ Ours et morse
1977
green stone and ivory ǀ pierre verte et
ivoire
462 x 175 x 85
signed ǀ signé: Enook 1977

Canada Council Art Bank
Conseil des Arts du Canada, Banque
d'oeuvres d'art

37
Nuveeya Ipellie
1950 -
Frobisher Bay

Bear Head ǀ Tête d'ours
1977
light and dark green stones and
ivory ǀ pierres vert pâle et vert foncé et
ivoire
155 x 105 x 100
unsigned ǀ non signé

Canada Council Art Bank
Conseil des Arts du Canada, Banque
d'oeuvres d'art

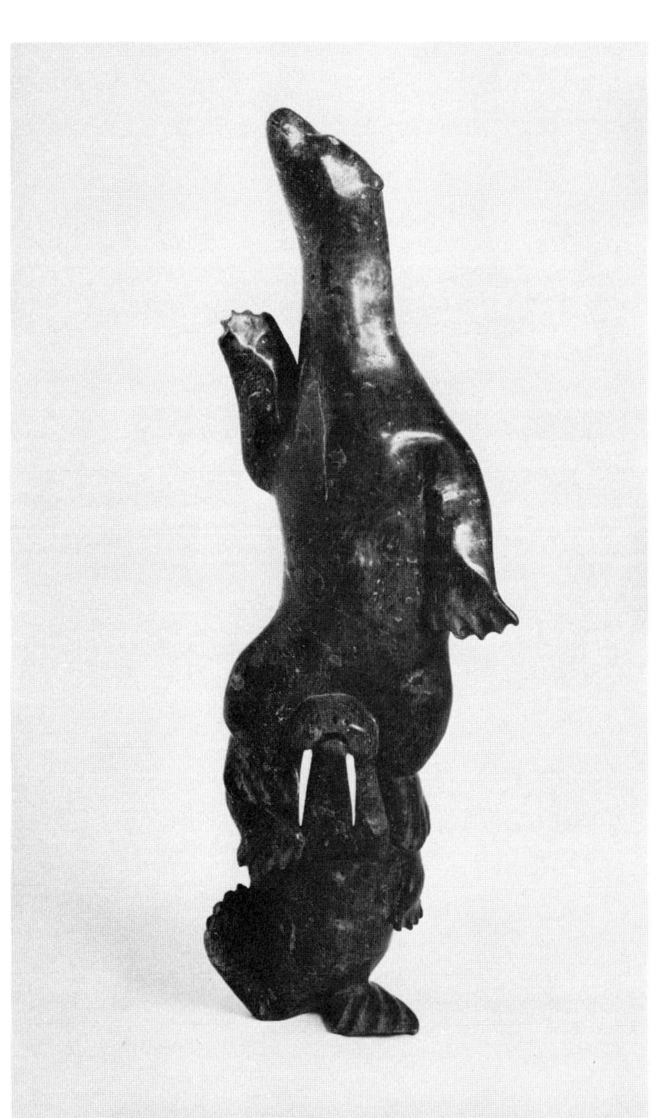

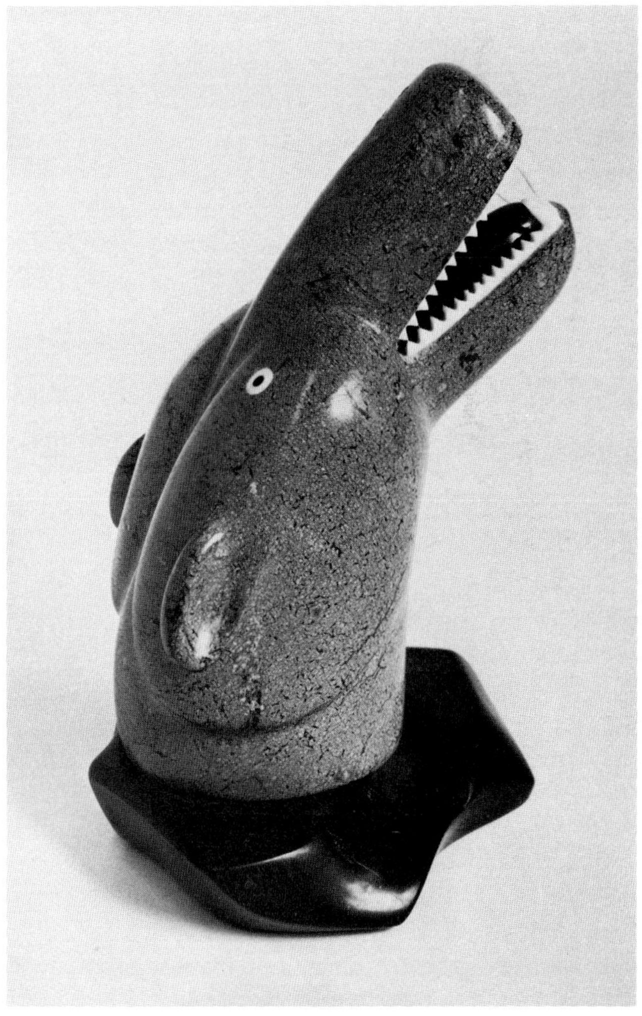

37

38
Quvianatuliak Takpaungai
(Kovinitilliak C)
1942 -
Cape Dorset

Nude Male Figure ǀ Homme nu
1977
green stone ǀ pierre verte
465 x 415 x 275
signed ǀ signé: ᑯᕕᐊᓇ ᑐᓕᐊ

Gallery of the Arctic, Victoria

*Sometimes I carve nude figures, but not very
often. That was the first one I did which was
nude. It depends on the shape of the stone
what I carve. I look at the stone first and turn it
around. This was in the shape of the stone. ...
When you see the body and when you look at
the face [of the carving], it looks like [he] is
doing something hard. That's why I carved
the face like that. It was hard to carve. I was
trying my best not to break an arm or a leg ...
when I used the axe.*

*I got pleasure out of carving this piece
because it was the first one I carved which
was nude. I would just look at it and maybe
laugh a little bit about it.*
interview by Marion Jackson, Cape Dorset
1979

*Je sculpte parfois des personnages nus,
mais pas très souvent. C'était là mon premier
nu. Ce que je sculpte dépend de la forme de
la pierre. Je regarde d'abord la pierre et je la
retourne dans mes mains. Ceci se trouvait
déjà dans la forme de la pierre. Lorsque vous
voyez le corps et que vous regardez la figure
[de la sculpture] on dirait [qu'il] accomplit
quelque chose de difficile. C'est la raison
pour laquelle j'ai sculpté la figure comme
cela. C'était difficile à sculpter. J'ai fait mon
possible pour ne pas briser un bras ou une
jambe ... lorsque je me suis servi de la hache.*

*J'ai éprouvé du plaisir à sculpter cette pièce
parce que c'était le premier nu que je
sculptais. Lorsqu'il m'arrivait de la regarder,
elle me faisait un peu de rire.*
entrevue par Marion Jackson, Cape Dorset,
janvier 1979

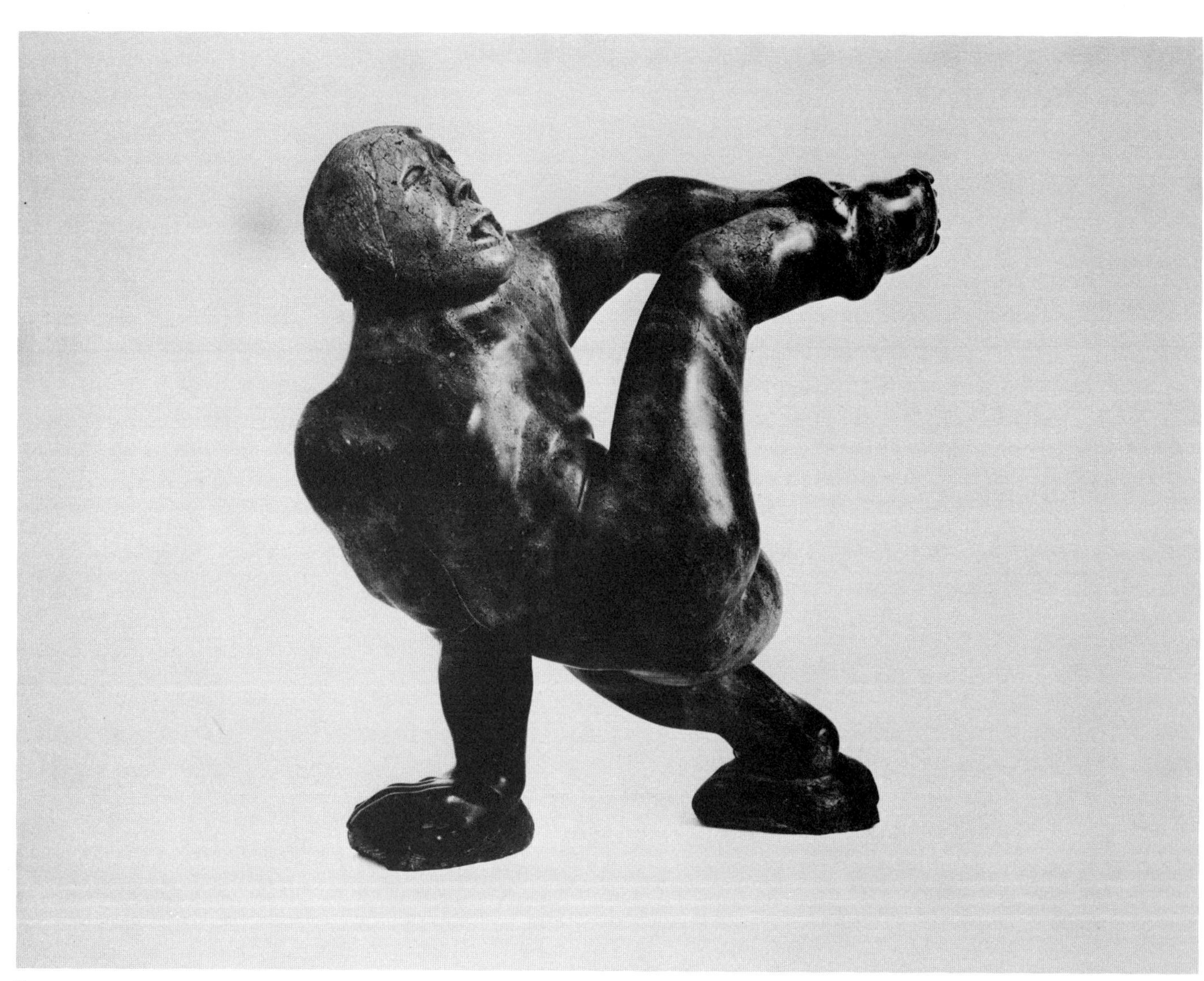

38

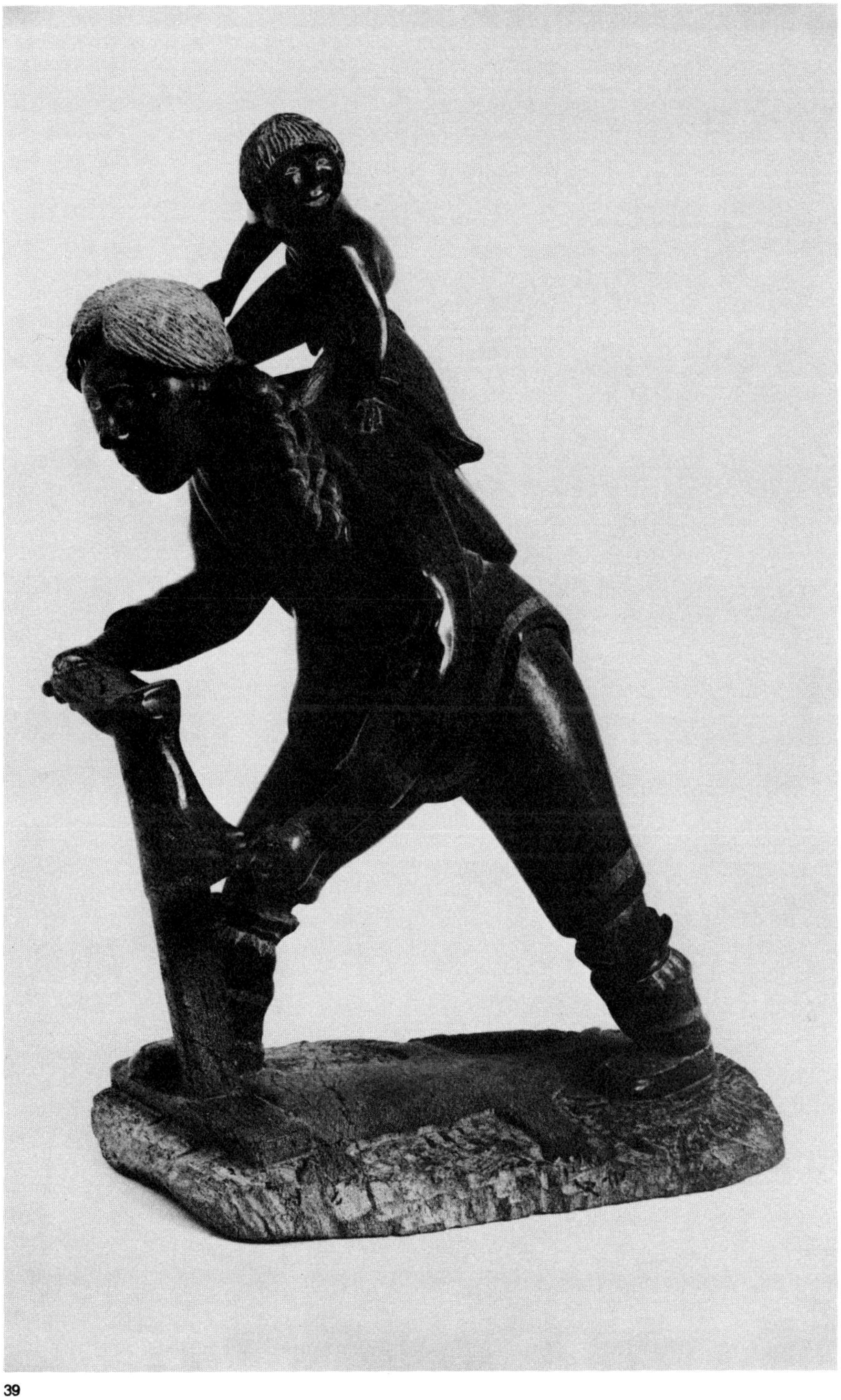

39
Mososee Kolola
1930 -
Lake Harbour

Woman Stretching a Boot ı Femme
étirant une botte
1977
green stone ı pierre verte
470 x 200 x 290
signed ı signé: ᒍᵡᐧ ᑯᓗᓕ ᐲᒥ
          Mososee Kolola

INA ı AIN

59

40
Qaqaq (Kaka) Ashoona
1928 -
Cape Dorset

Bust of Woman with *Ajuktaut* Racquet | Buste de femme avec raquette d'*Ajuktaut*
1977
grey stone | pierre grise
325 x 330 x 225
signed | signé: ᑲᑲᐊᓯᓇ

INA | AIN

When I'm carving, I sort of walk around the stone just to see which way it could look better — which way it would turn out best. Yes, I get the idea for a carving from the stone. Before I start carving I just look at it for a while — sort of like draw it with my eyes to see what I will carve.
interview by Marion Jackson, Cape Dorset, March 1979

Lorsque je sculpte, je fais pour ainsi dire les cent pas autour de la pierre, juste pour voir quel serait son meilleur angle — quel serait l'angle le plus avantageux à travailler. Oui, l'idée de la sculpture me vient de la pierre. Avant de commencer à tailler, je ne fais que la regarder pendant un certain temps — comme si je dessinais dessus avec mes yeux pour voir ce que je vais sculpter.
entrevue par Marion Jackson, Cape Dorset, mars 1979

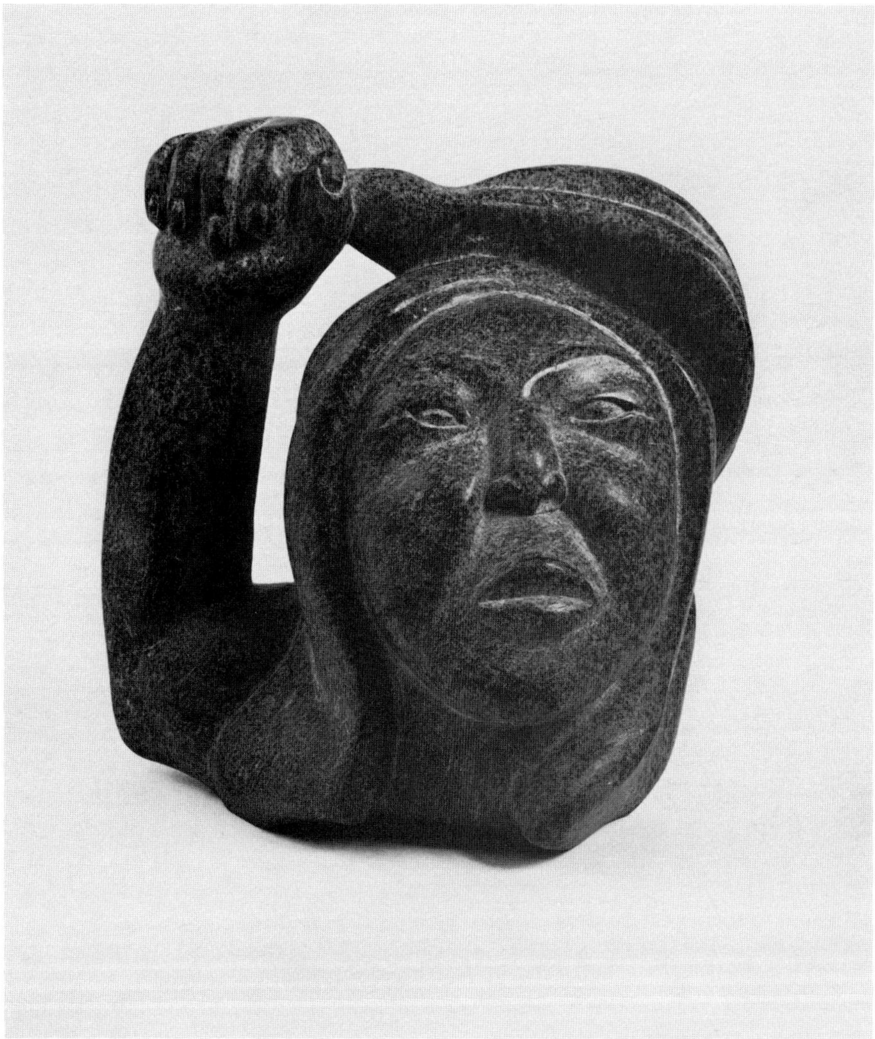

40

41
Osuitok (Oshaweetuk) Ipeelee
1923 -
Cape Dorset

Shaman with His Animals I Chaman
aves ses animaux
1977
green stone I pierre verte
247 x 490 x 120
signed I signé: ᐃᐱᓕ ᐅᓱᐊᑐ ᑭᒪᐃ

INA I AIN

*The two animal heads to the sides of the
central face are the shaman's animals. The
mouth of the bear is open with the tongue
curled up as it would be when the bear would
be making a noise — a roar or howl — and the
round mouth of the human face is [like that] to
show ... it is making the sound of a human
turning into a shaman. In the days of
shamans, [they] would control certain
animals and make them disappear all of a
sudden ... I have seen shamans, but I have
never seen one go invisible.*
interview by Marion Jackson, Cape Dorset,
January 1979

*Les deux têtes d'animaux qui se trouvent de
part et d'autre de la figure centrale sont les
animaux du chaman. La gueule de l'ours est
ouverte et sa langue retroussée comme
lorsqu'il émet un grognement ou un
hurlement, et la bouche de la figure humaine
est arrondie ... pour montrer qu'elle émet le
son d'un humain transformé en chaman. Au
temps des chamans, [ils] commandaient à
certains animaux et les faisaient disparaître
tout d'un coup ... J'ai vu des chamans, mais
je n'en ai jamais vu un devenir invisible.*
entrevue par Marion Jackson, Cape Dorset,
janvier 1979

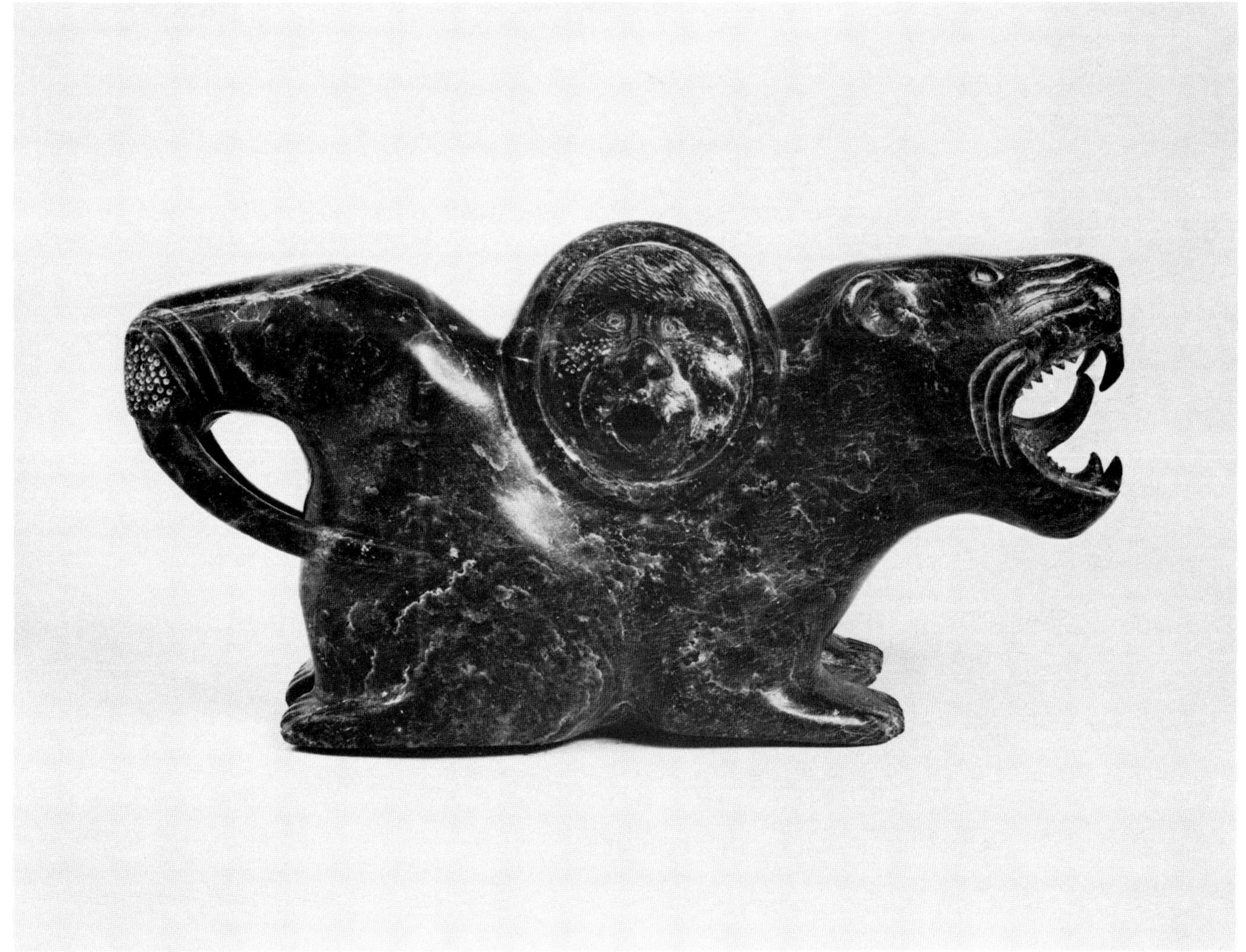

43
Qaqasilq (Kakasilila) Kudluarluk
1913 -
Pangnirtung

Spirit ı Esprit
c ı vers 1978
dark green stone ı pierre vert foncé
305 x 180 x 192
signed ı signé: ᑕᖃᓯᖅ
ᑯᓪᓗᐊᕐ

Shelley Braemer, Winnipeg

62

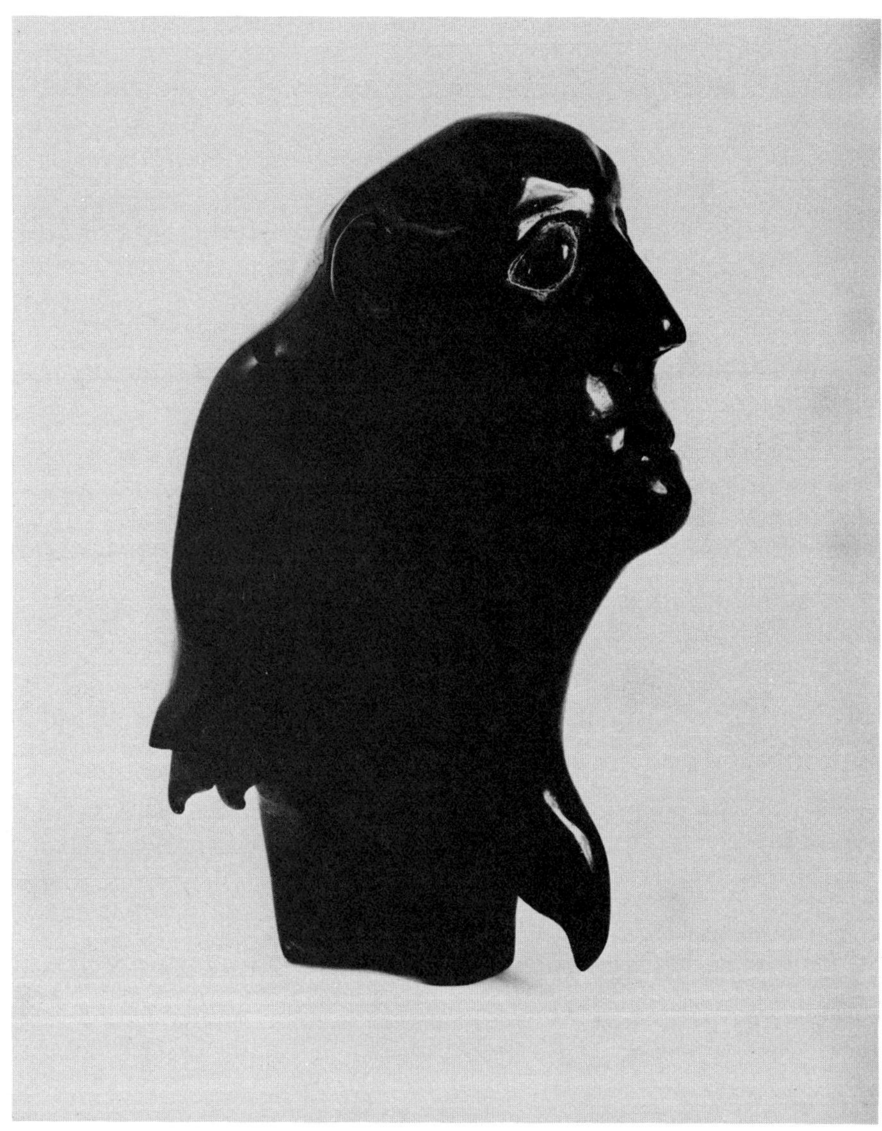

43

42
David Ruben Piqtoukun
1950 -
Paulatuk
(currently in Vancouver
présentement à Vancouver)

The Crazy Fool ı *Fou à lier*
1977
green stone and Arizona
pipestone ı pierre verte et catlinite
d'Arizona
430 x 380 x 525
signed ı signé: David Ruben
                    Piqtoukun
                    December 1977

collection of the artist
collection de l'artiste

*The reason I have chosen the subject is the fact that sometime in our past we can all somehow reflect on our weak moments of foolishness and craziness. Gazing at the sculpture, you can also feel a touch of sympathy for his condition (*our temporary conditions).*
excerpt from artist's letter to Robert Janes, Director, Prince of Wales Northern Heritage Centre, Yellowknife, June 1978.

Si j'ai choisi ce sujet, c'est que nous pouvons tous réfléchir quelque peu à nos faiblesses passées, nos folies et nos sottises. A regarder attentivement la sculpture, on peut aussi déceler un brin de sympathie vis-à-vis sa condition (nos conditions temporaires)
extrait d'une lettre de l'artiste à Robert Janes, Directeur, Prince of Wales Northern Heritage Centre, Yellowknife, juin 1978

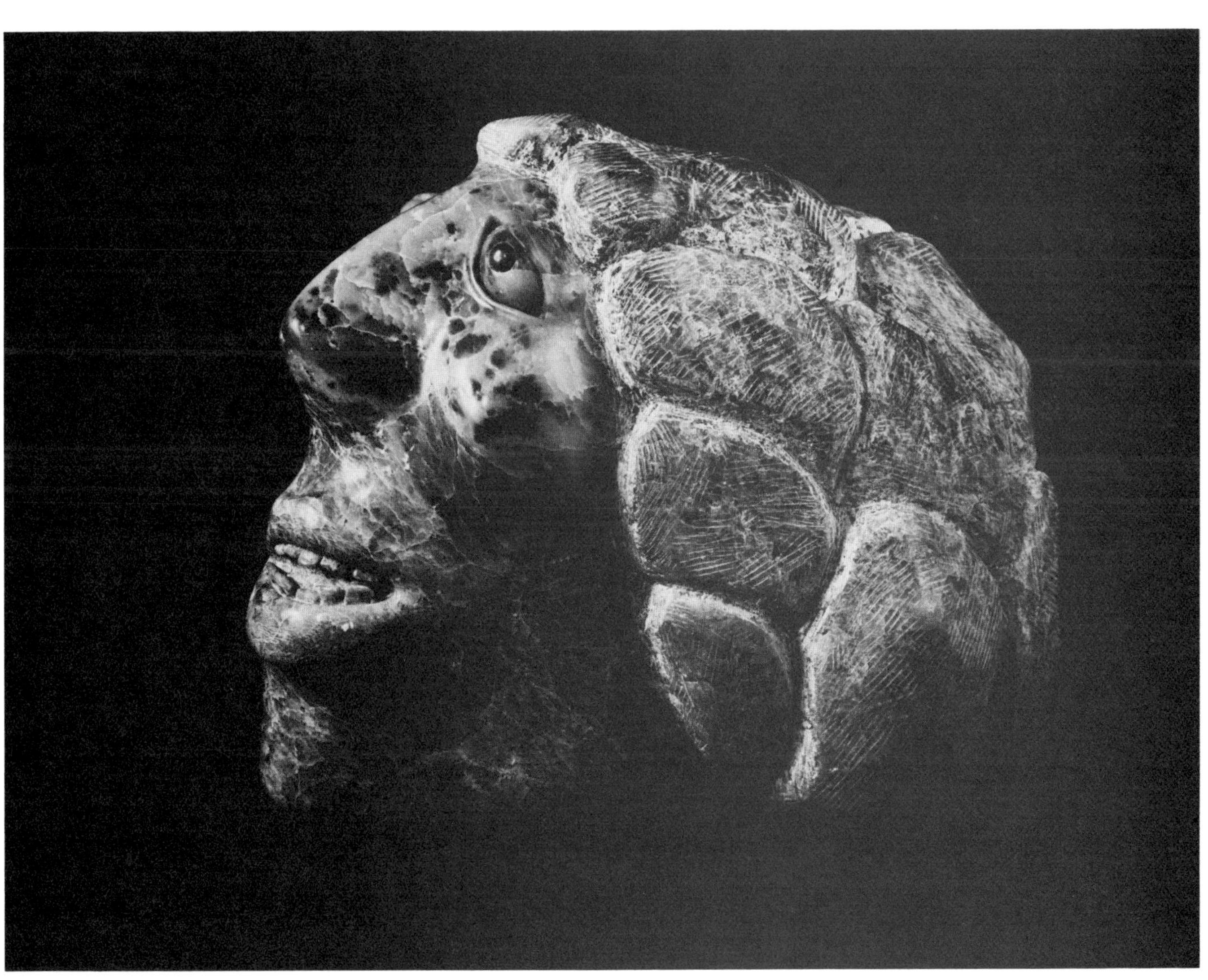

44
Noah Echalook
1946 -
Inoucdjouac

Mother and Child ı Mère et enfant
1978
dark green stone with iron striations,
ivory ı pierre vert foncé veinée de fer,
ivoire
304 x 266 x 210
signed ı signé: © 78 ⊿ Δᑲ

private collection ı collection
particulière, Montreal

64

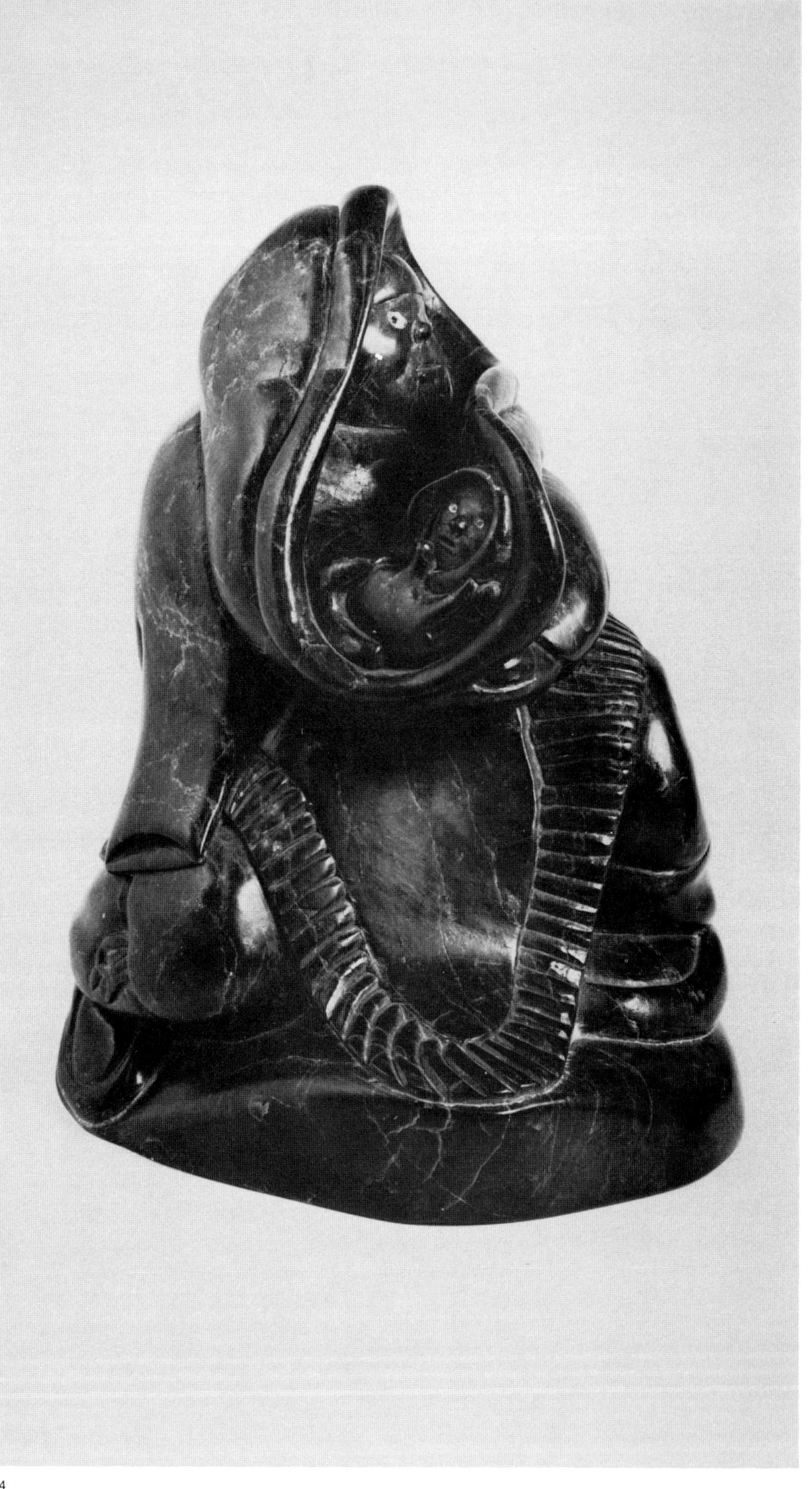

44

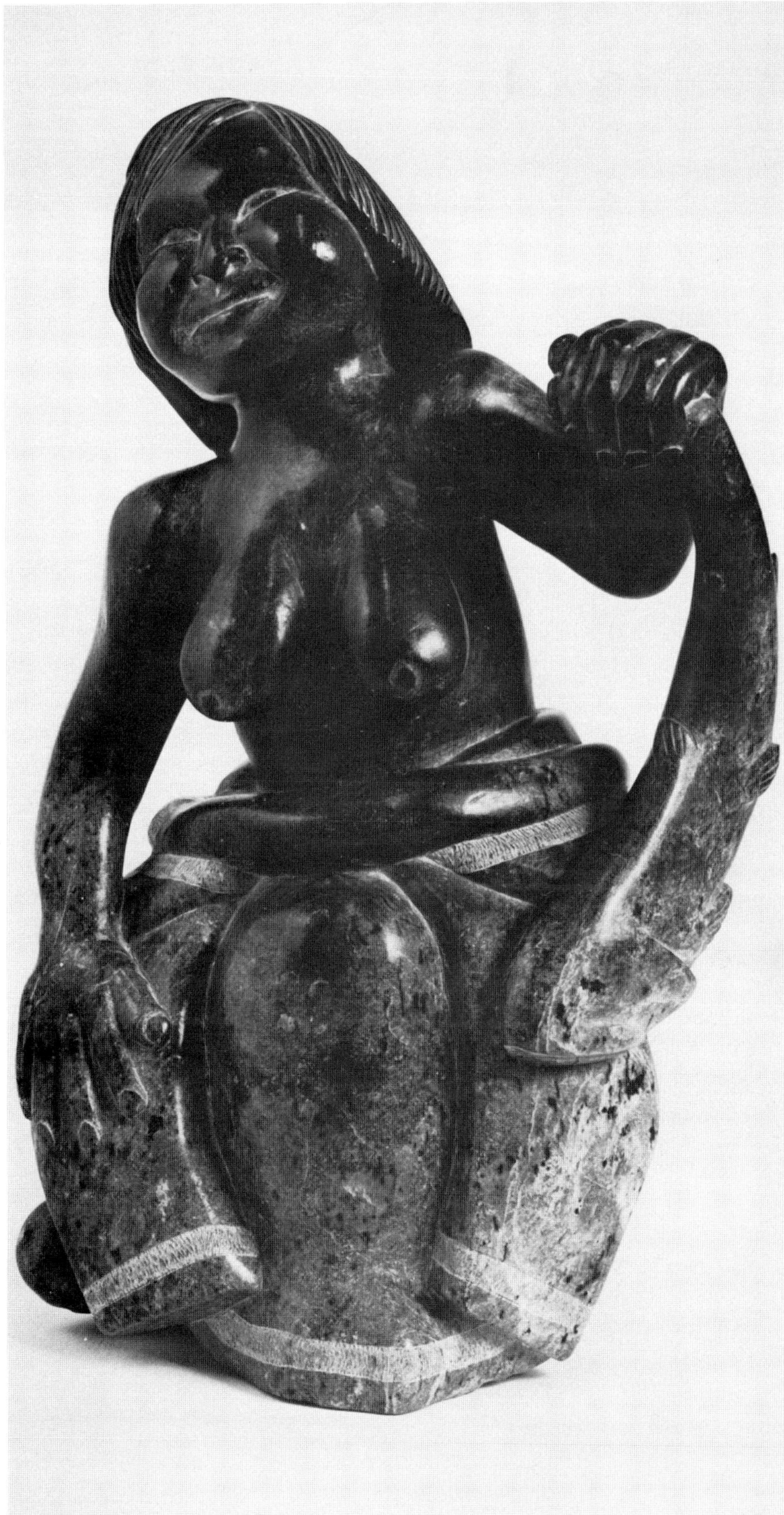

45

45
Kiawak Ashoona
1933 -
Cape Dorset

Woman Holding Fish ׀ Femme tenant
un poisson
1978
green stone, light and dark ׀ pierre vert
pâle et vert foncé
430 x 245 x 200
signed ׀ signé: ᑉᐅᒐ

West Baffin Eskimo Co-operative
Limited, Cape Dorset

*I was thinking of the old days at camp when
women would slip their* amautiqs *down in
that manner to avoid getting grease or some
other soil on* [them] *when they were doing
certain sorts of work — like cleaning skins or
scraping fat.*
Interview by Marion Jackson, Cape Dorset,
February 1979

*Je pensais aux campements d'autrefois,
lorsque les femmes enfilaient leur amautiq
de façon à éviter les taches de graisse ou
autres saletés lorsqu'elles faisaient certains
travaux, comme nettoyer les peaux ou
enlever la graisse.*
entrevue par Marion Jackson, Cape Dorset,
février 1979

65

46
Miriam Qiyuq
1933 -
Baker Lake

Figures Sleeping with Birds Nest
Personnages endormis avec nid d'oiseau
1978
black stone I pierre noire
45 x 105 x 265
signed I signé: ᓯᓇᔭᖅ
        Miream

INA I AIN

47
Mary Akshalik
1936-
Gjoa Haven

Conversation I La conversation
1978
light green stone I pierre vert pâle
185 x 235 x 100
signed I signé: © ᓯᓇ ᑯᑭᑉ

INA I AIN

This is a typical scene where two women might be gossiping while standing outside. They could talk for a long time and would stand facing each other.
communication with artist via arts and crafts advisor, Robert Légasse, Gjoa Haven, March 1979

Cette scène typique représente deux femmes qui peuvent être en train de bavarder, debout à l'extérieur. Elles pouvaient parler longtemps et se tenaient l'une en face de l'autre.
communication de l'artiste, par l'intermédiaire de Robert Légasse, Gjoa Haven, agent de projet, mars 1979

66

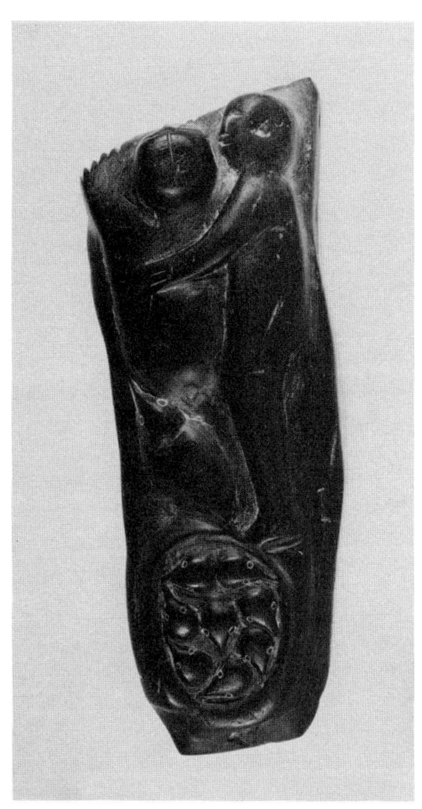

46

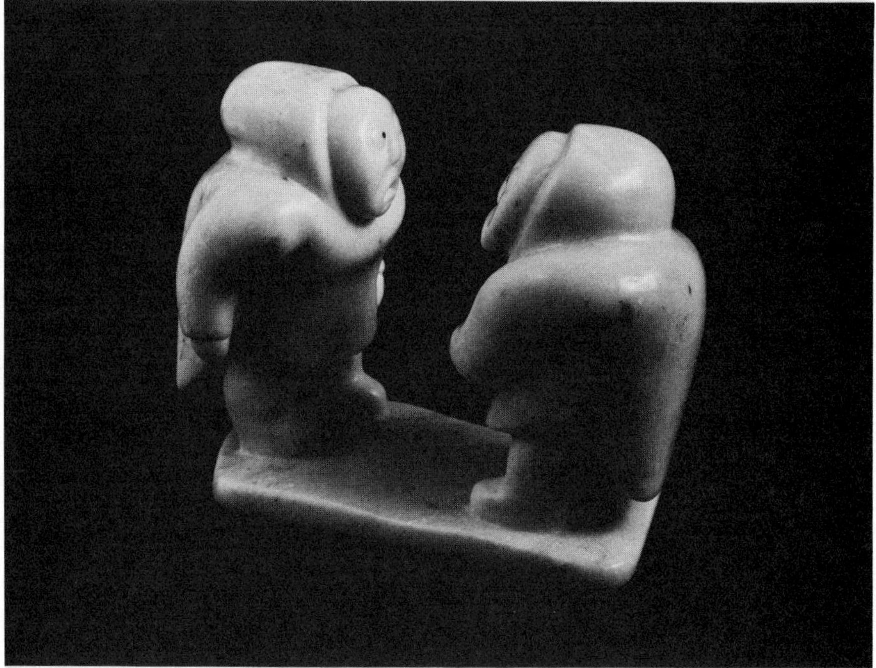

47

48
Maudie Ohkitook
1944 -
Spence Bay

Sedna — sea spirit ı esprit marin
1978
marbled grey-brown stone ı pierre
marbrée de gris et de brun
128 x 370 x 140
signed ı signé: © ᒍᐊᑎ ᐅᕝᑐ

The Innuit Gallery of Eskimo Art, Toronto

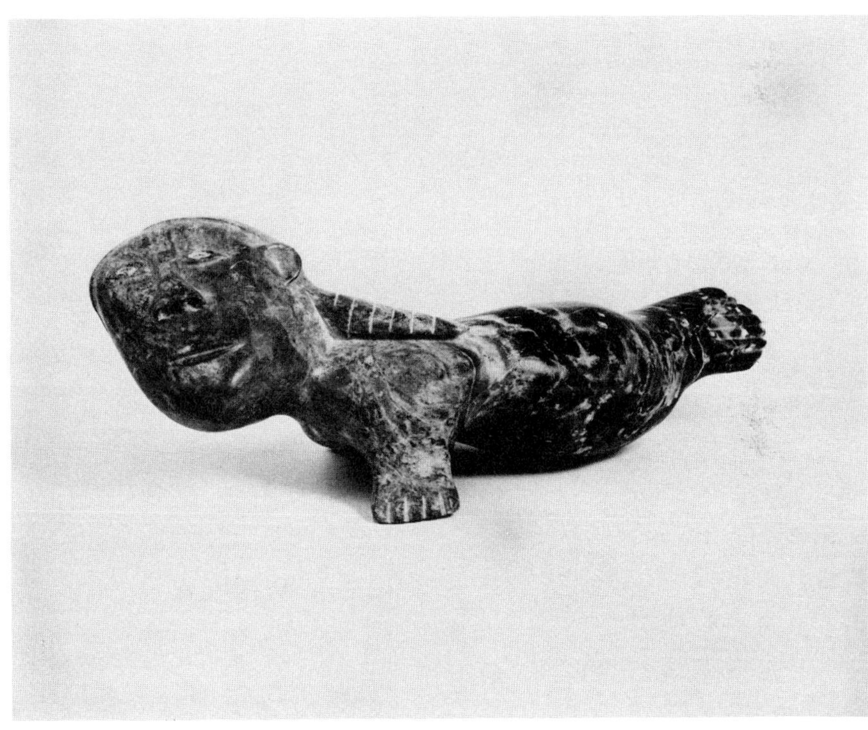

48

49
Simon Tookoome
1934 -
Baker Lake

The Pleasures of Eating Fish ı *La bonne
chair du poisson*
1970 (proof ı épreuve)
stonecut and stencil ı gravure sur
pierre et pochoir
513 x 545
signed ı signé: ᐳᑯᒥ
Baker Lake print catalogue 1971, 6
Catalogue d'estampes de Baker Lake
1971, 6

Exh ı Exp: NMM ı MNH, *The Inuit Print
ı L'estampe inuit, 1977, 121; AGO, The
People Within ı Les gens de l'intérieur,
1976, 30*

Sanavik Co-operative Association Ltd.,
Baker Lake on loan to the ı prêtée à
Winnipeg Art Gallery

68

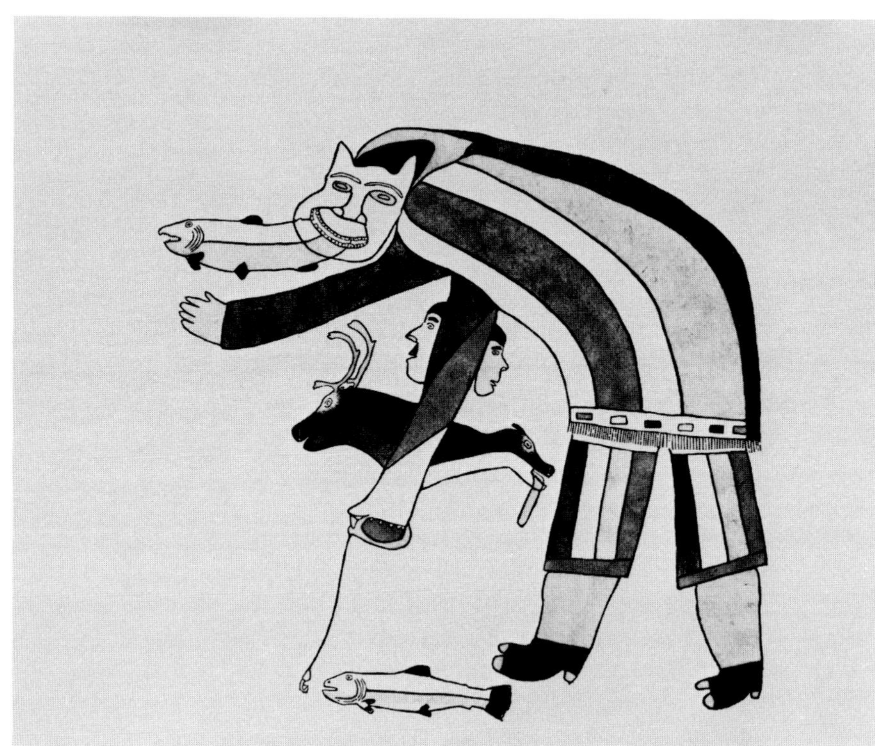

49

50
William Noah
1943 -
Baker Lake

Shaman | Chaman
1971
stonecut and stencil | gravure sur
pierre et pochoir
425 x 630
signed | signé: ◡◁ & ◡◁
Baker Lake print catalogue 1972, 24
Catalogue d'estampes de Baker Lake
1972, 24

Exh | Exp: NMM | MNH, *The Inuit
Print | L'estampe inuit,* 1977, 27

K.J. Butler, 'My Uncle Went to the
Moon.' *artscanada* 30 (184-187): 157.

INA | AIN

*When I was making that drawing or printing
that skeleton, the one with the bow and
arrow, I was thinking of a story my
grandmother used to tell us that the shaman
used to see through a person's body to find
out what the sickness is or to find out what is
in the person's body.*
communication with artist, March 1979

*Lorsque je faisais le dessin ou la gravure de
ce squelette, celui qui tient l'arc et la flèche,
je pensais à une histoire que ma grand-mère
nous racontait au sujet du chaman qui
pouvait voir au travers du corps de
quelqu'un pour deviner sa maladie ou pour
trouver ce qu'il y a dans le corps de cette
personne.*
communication de l'artiste, mars 1979

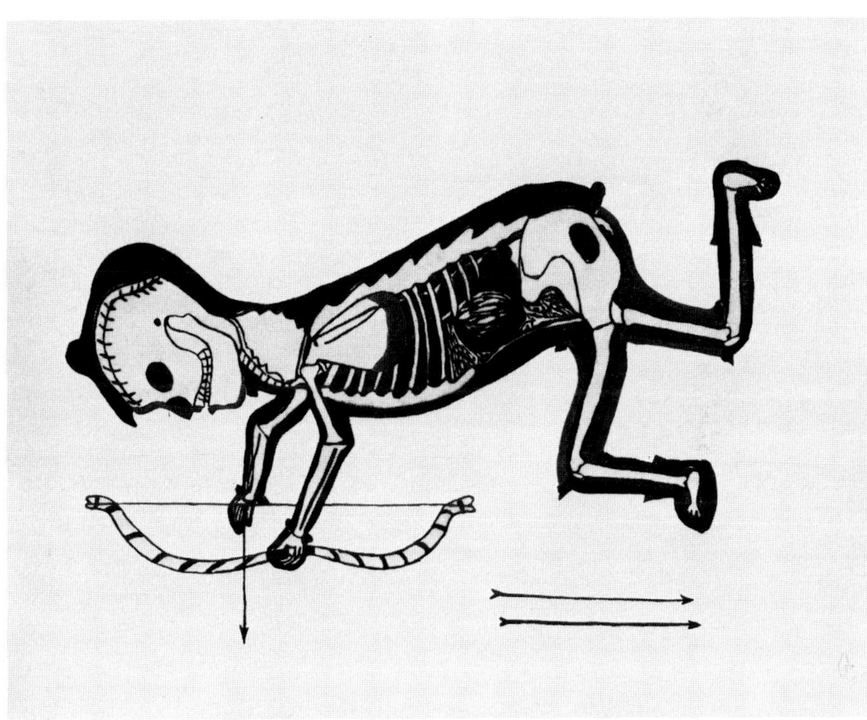

50

51

Pitseolak Ashoona
c ǀ vers 1904 -
Timothy Ottochie
1904 -
Cape Dorset

Netsilik River ǀ *Rivière Netsilik*
1973 (proof ǀ épreuve)
stonecut ǀ gravure sur pierre
590 x 525
artist's stamp
tampon de l'artiste:
printer's stamp
tampon du graveur:
Cape Dorset print catalogue 1973, 26
Catalogue d'estampes de Cape Dorset
1973, 26

While Lukta Kiakshuk printed the edition,
Ottochie cut the stone block and proofed it.
communication with Terry Ryan, April 1979

Tandis que Lukta Kiakshuk tirait l'estampe
pour l'édition, Ottochie faisait la gravure sur
pierre et l'épreuve.
communication de Terry Ryan, avril 1979

Exh ǀ Exp: NMM ǀ MNH, *The Inuit*
Print ǀ *L'estampe inuit,* 1977, 60

West Baffin Eskimo Co-operative
Limited, Cape Dorset

We would often camp at Natsilik, a place
about a week's journey from Cape Dorset,
near many lakes. It had the most beautiful
drinking water I have ever found. We often
went to Natsilik to hunt fish; and at Natsilik,
too, there were many geese.
as recorded in *Pitseolak: Pictures out of My*
Life n. pag., (Dorothy Eber, editor)

Nous campions souvent à Natsilik, un endroit
situé à peu près à une semaine de voyage de
Cape Dorset, près de plusieurs lacs. Il y avait
là la plus belle eau potable que j'aie jamais
trouvée. Nous allions à Natsilik pour pêcher
le poisson; il y avait aussi beaucoup d'oies à
Natsilik.
tel que rapporté dans *Pitseolak: Le Livre*
d'images de ma vie, non paginé, (Publié
sous la direction de Dorothy Eber)

70

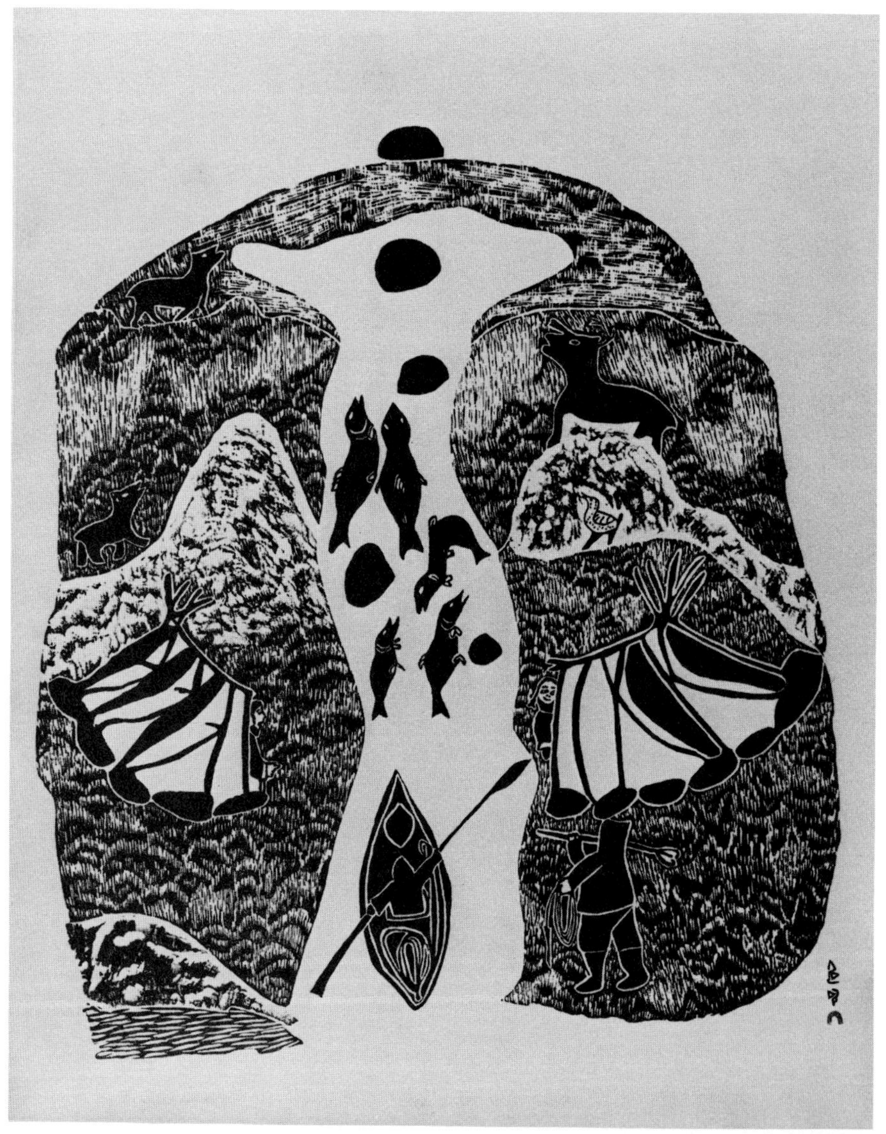

52
Kananginak Pootoogook
1935 -
Lukta Kiakshuk
1928 -
Cape Dorset

Skinned Caribou ı *Caribou dépecé*
1973 (proof ı épreuve)
stonecut ı gravure sur pierre
430 x 582
artist's stamp
tampon de l'artiste:
printer's stamp
tampon du graveur:
Cape Dorset print catalogue 1973, 11
Catalogue d'estampes de Cape Dorset
1973, 11

CES ı SCE

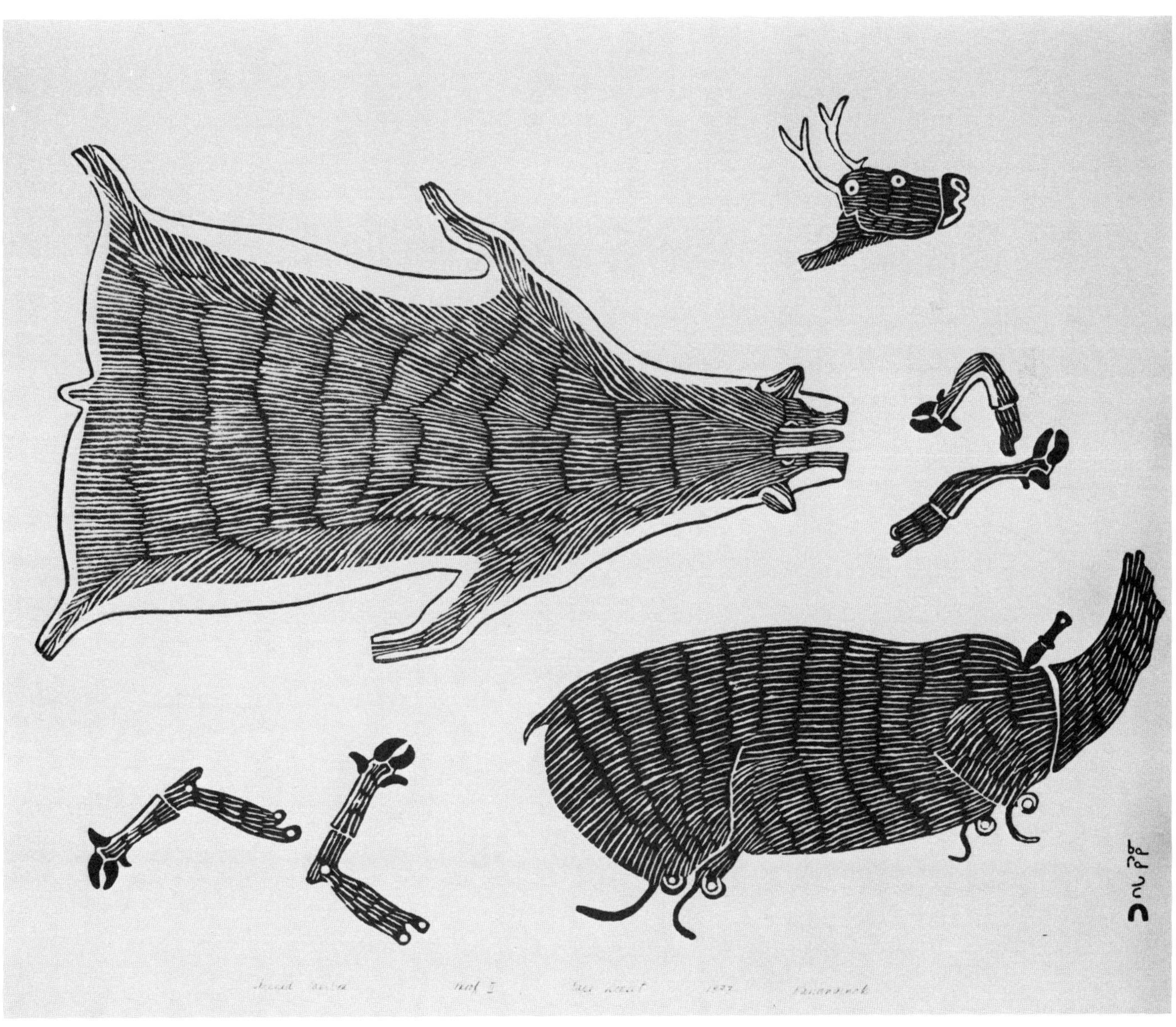

53
Jamasie Teevee
1910 -
Cape Dorset

*Taleelayo and Friends ı Taleelayo et
ses amis*
1973 (proof ı épreuve)
copperplate engraving ı gravure sur
cuivre
253 x 303 (plate ı planche)
unsigned ı non signé
Cape Dorset print catalogue 1973, 40
Catalogue d'estampes de Cape Dorset
1973, 40

CES ı SCE

54
Agnes Nanogak*
1925 -
Holman

*Dance for Visitor ı Danse pour un
visiteur*
1974
stonecut ı gravure sur pierre
330 x 440
signature included in printed
image ı signature comprise dans
l'estampe: NANOGAK
Holman print catalogue 1974, 3
Catalogue d'estampes de Holman
1974, 3

INA ı AIN

55
Davidialuk Ammitu Alasuaq
1910 - 1976
Mina Sala
1947 -
Povungnituk

Kutjujajurq
1975
stonecut ı gravure sur pierre
142 x 218
signature included in printed
image ı signature comprise dans
l'estampe: ∩ᐴ∩ ⊲ᒥⴰ
Povungnituk print catalogue 1975, 25
Catalogue d'estampes de Povungnituk
1975, 25

Exh ı Exp: NMM ı MNH, *The Inuit
Print ı L'estampe inuit,* 1977, 94

INA ı AIN

72

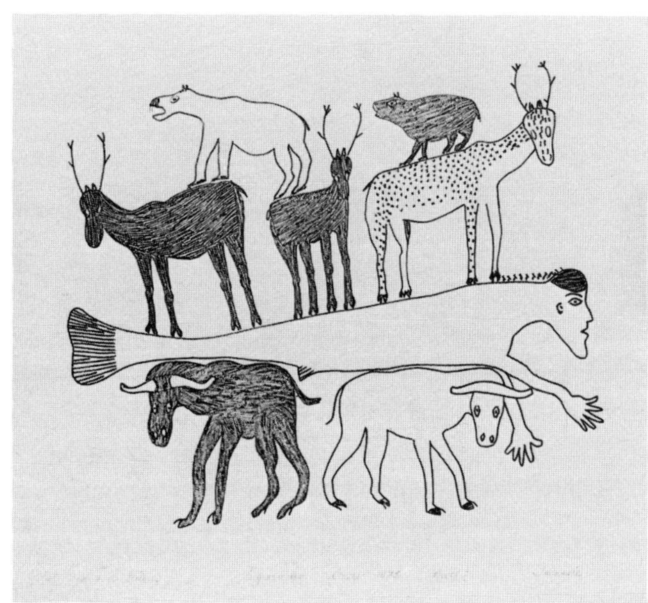

53

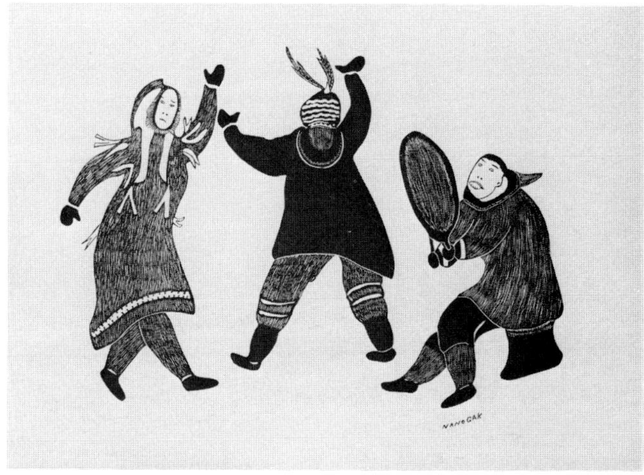

54

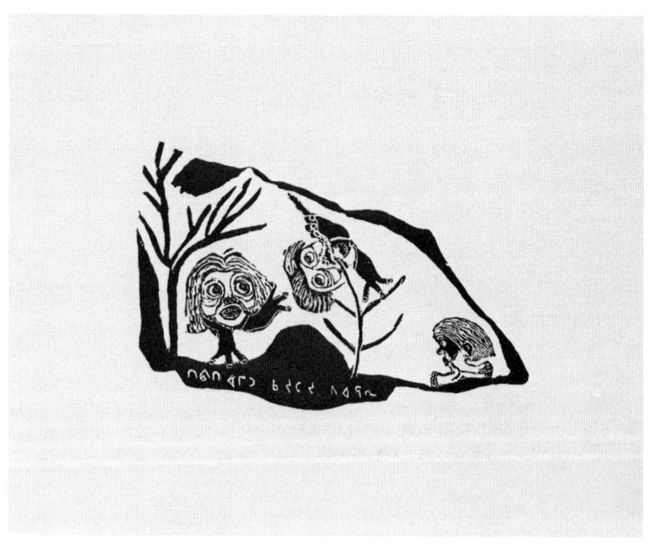

55

56
William Noah
1943 -
Martha Illumigaaqjuk Noah
1943 -
Baker Lake

Caribou Swimming in Sunset | *Caribou nageant au coucher du soleil*
1975
stonecut and stencil | gravure sur pierre et pochoir
560 x 780
signed | signé: ᓄᐊ & ᐊᓗᒥᒐᔪ
Baker Lake print catalogue 1975, 4
Catalogue d'estampes de Baker Lake 1975, 4

INA | AIN

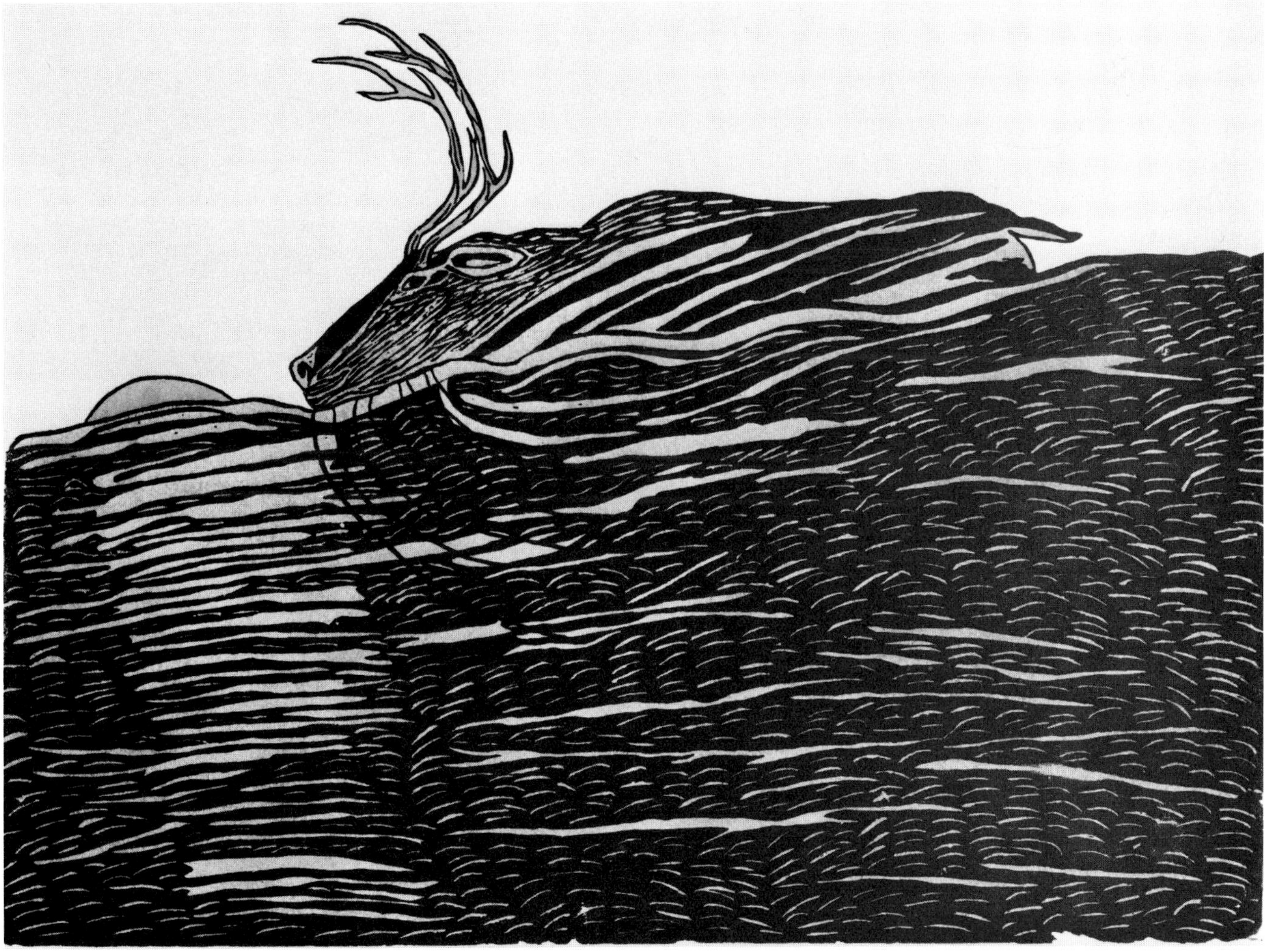

56

58

Simon Tookoome
1934 -
Baker Lake

An Embarrassing Tumble ı *Une culbute embarrassante*
1976
stonecut and stencil ı gravure sur pierre et pochoir
633 x 856
signed ı signé: ⊃ᑯᒥ
Baker Lake print catalogue 1976, 22
Catalogue d'estampes de Baker lake 1976, 22

Exh ı Exp: NMM ı MNH, *The Inuit Print* ı *L'estampe inuit,* 139; AGO, *The People Within* ı *Les gens de l'intérieur,* 42; Print and Drawing Council of Canada, *Imprint '76* Toronto, 1976, 68

INA ı AIN

74

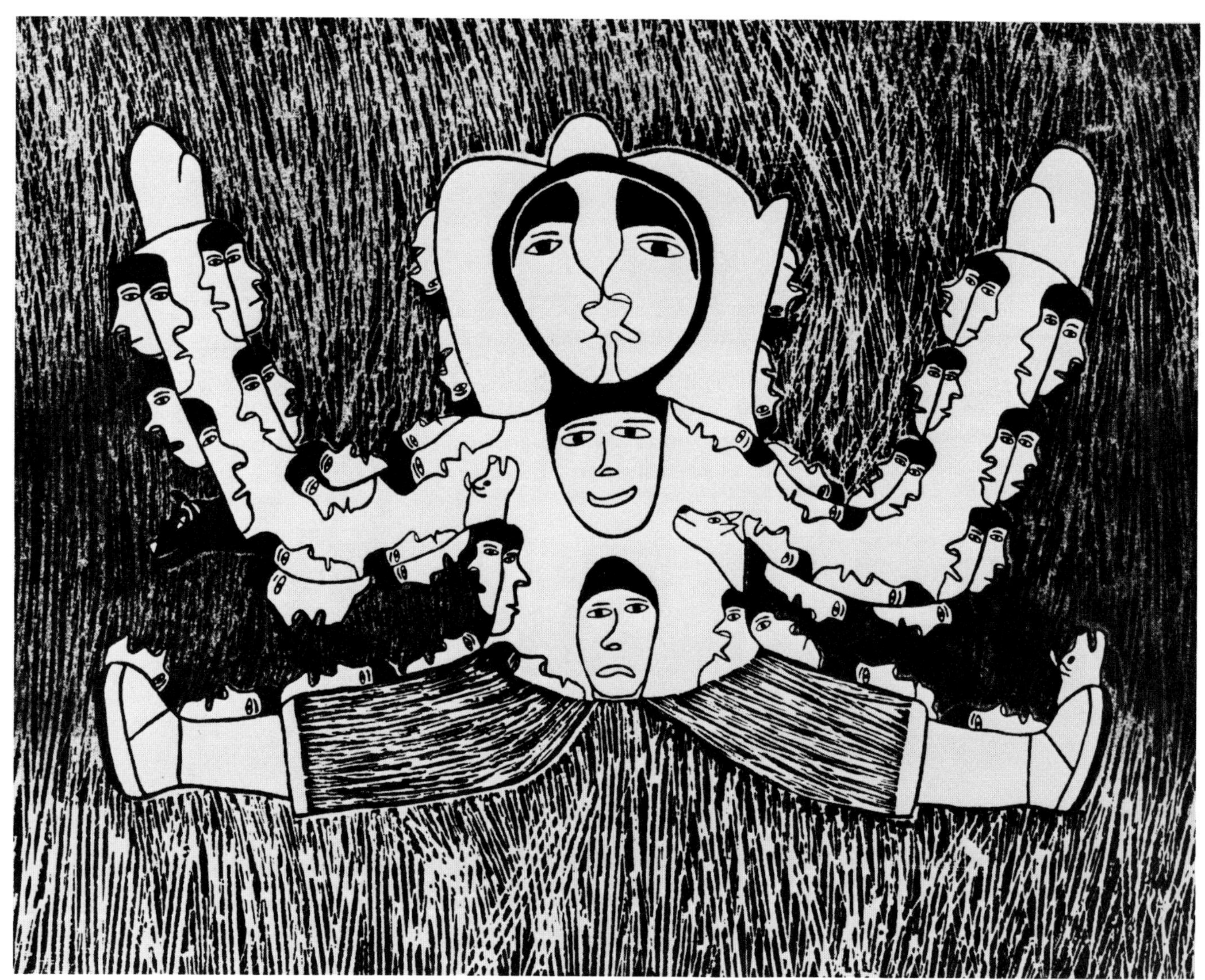

57
Irene Avaalaqiaq Tiktalaq
1941 -
Baker Lake

Man Thought of His Kayak ı *Il pense à
son kayak*
1976
stencil ı pochoir
397 x 630
signed ı signé: ◁≺ᒪᑭ◁
Baker Lake print catalogue 1976, 27
Catalogue d'estampes de Baker Lake
1976, 27

Exh ı Exp: NMM ı MNH, *The Inuit
Print* ı *L'estampe inuit,* 1977, 143

INA ı AIN

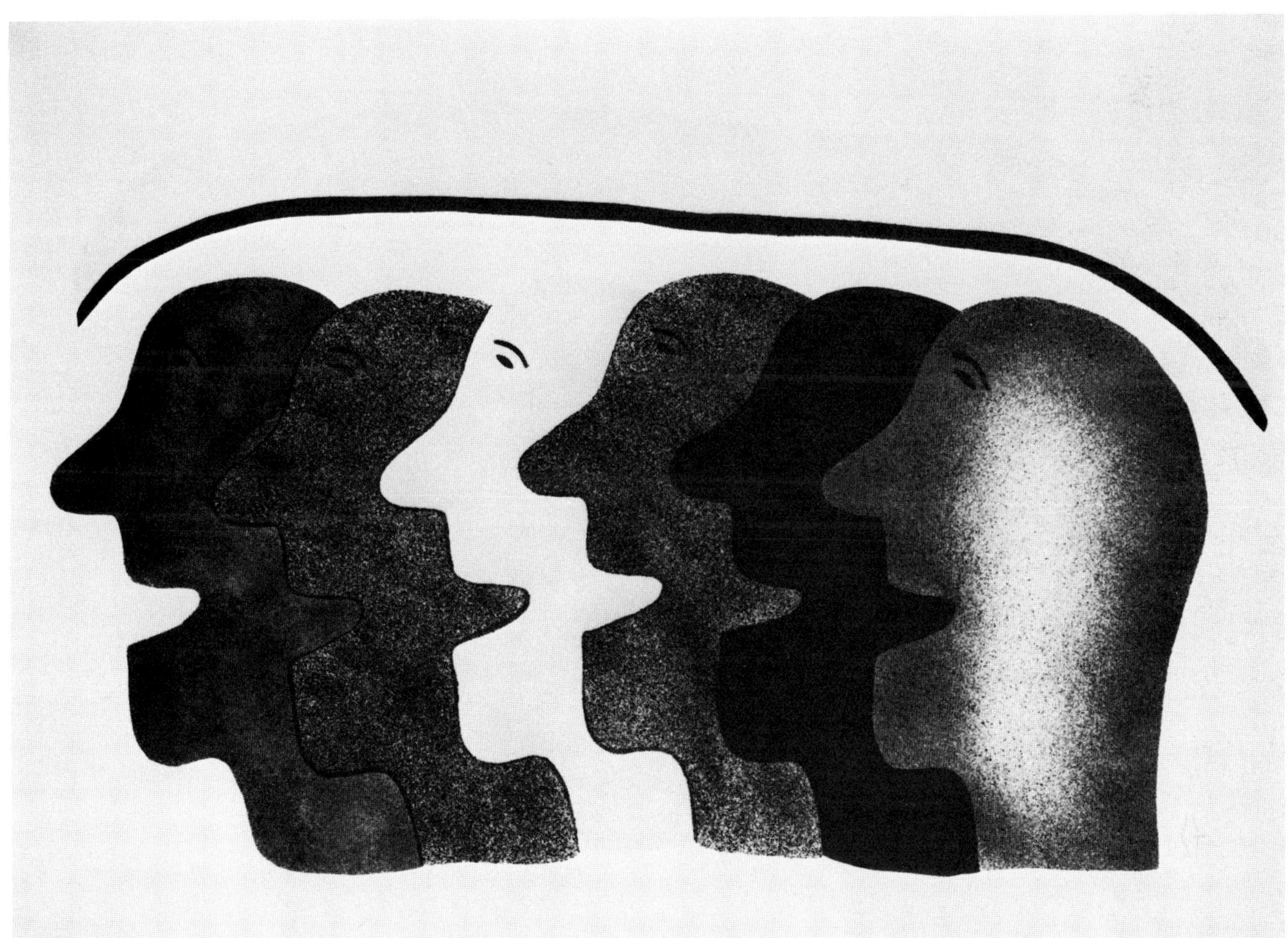

57

59
Luke Anguhadluq
c ı vers 1895 -
William Noah
1943 -
Baker Lake

Hunting Caribou from Kayaks ı *La
chasse au caribou en kayaks*
1976
stonecut and stencil ı gravure sur
pierre et pochoir
955 x 590
signed ı signé: ◁J˥⊃ & ⌐◁
Baker Lake print catalogue 1976, 23
Catalogue d'estampes de Baker Lake
1976, 23

Exh ı Exp: NMM ı MNH, *The Inuit
Print* ı *L'estampe inuit,* 1977, 141

INA ı AIN

76

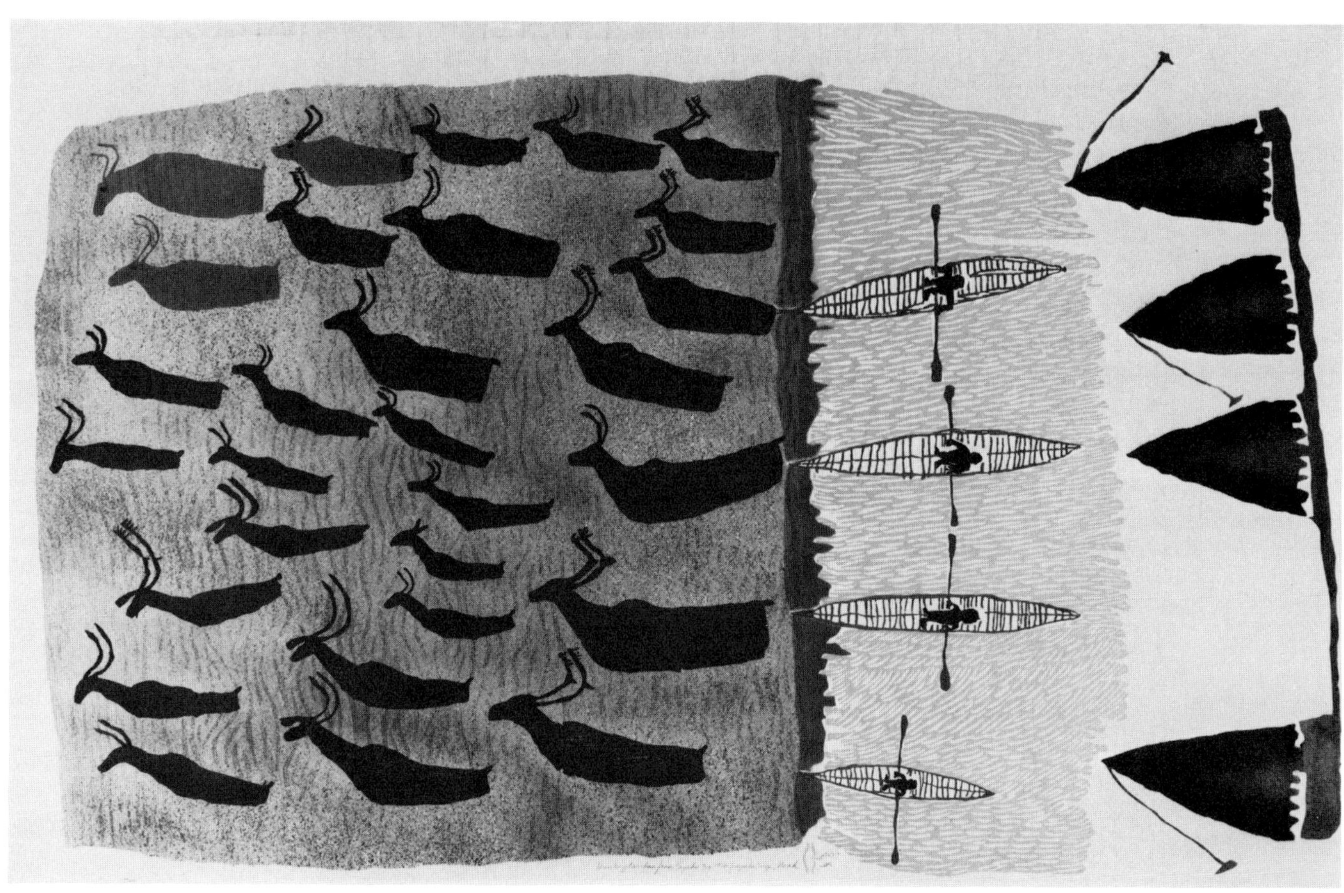

59

60
Lipa Pitsiulak
1943 -
Solomon Karpik
1947 -
Pangnirtung

Disguised Archer ı *Archer déguisé*
1976 (proof ı épreuve)
stonecut ı gravure sur pierre
415 x 655
unsigned ı non signé
Pangnirtung print catalogue 1976, 29
Catalogue d'estampes de Pangnirtung
1976, 29

Exh ı Exp: NMM ı MNH, *The Inuit
Print* ı *L'estampe inuit,* 1977, 155

INA ı AIN

*A long time ago, our ancestors used to hunt
like this. This story was told by my father.
They used to hunt the caribou covered with
caribou skin, pretending to be caribou. They
hunted with a bow and arrow before they
used the rifle. This man has built a stone blind
and waited inside it. You can see those
blinds to this day. A lot of hunters disguised
themselves in that way. Some of them were
shot by arrow accidentally because there
were so many hunting at the same time. All of
those men died.*
as recorded in Pangnirtung print catalogue,
1976

*Il y a longtemps, nos ancêtres avaient
l'habitude de chasser comme ceci. Cette
histoire fut racontée par mon père. Ils avaient
l'habitude de chasser le caribou couverts de
peaux de caribou, faisant semblant d'être
des caribous. Ils chassaient avec un arc et
des flèches, puis utilisèrent la carabine. Cet
homme a construit une cache de pierre et a
attendu dedans. Encore aujourd'hui, on peut
voir ces caches. Plusieurs chasseurs se
déguisaient de cette façon. Certains d'entre
eux furent accidentellement atteints de
flèches parce qu'il y avait un si grand
nombre de chasseurs en même temps. Tous
ces hommes moururent.*
tel que rapporté dans le catalogue
d'estampes de Pangnirtung, 1976

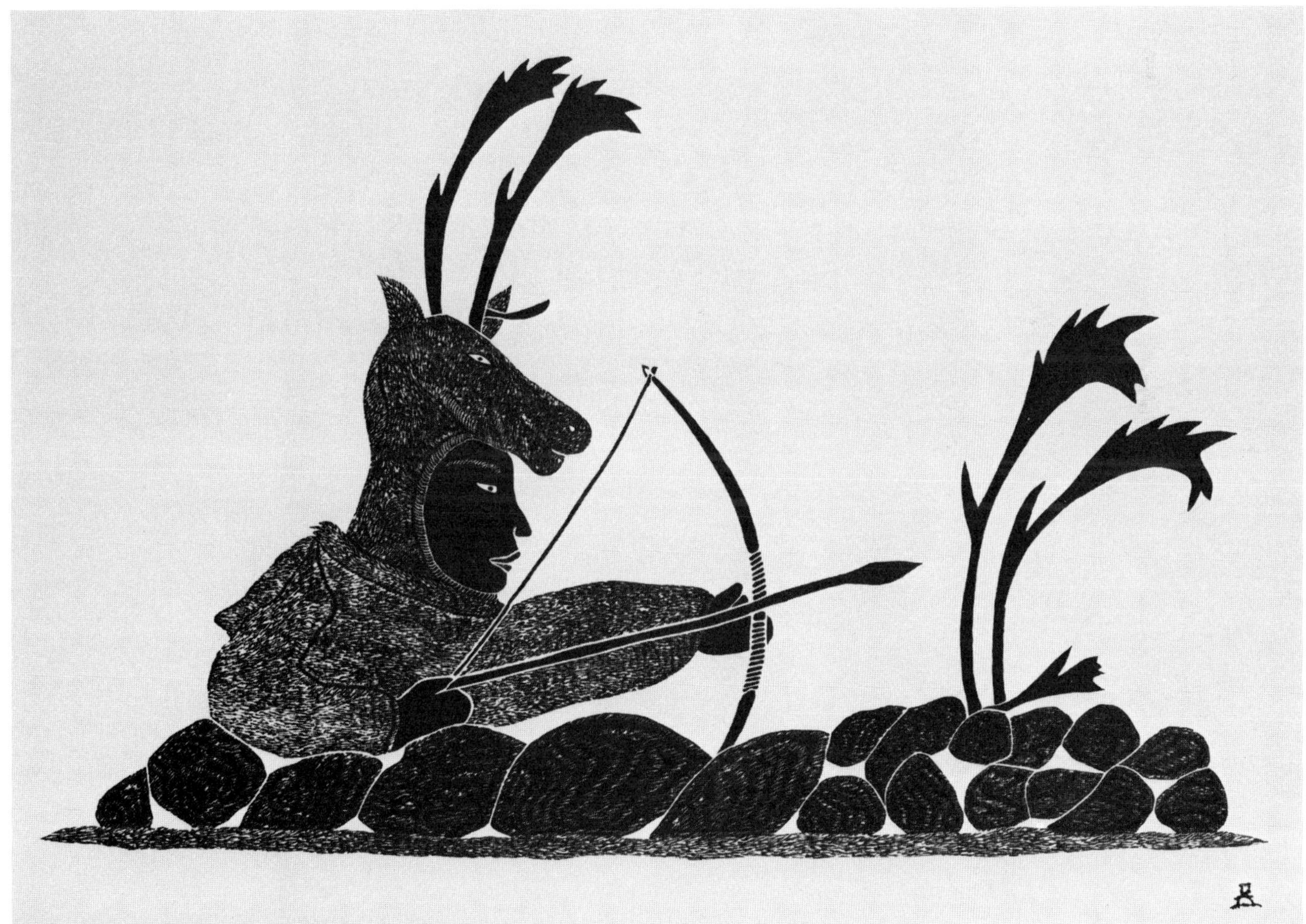

62

Kananginak Pootoogook
1935 -
Aoudla Pudlat
1951 -
Cape Dorset

Mother and Cubs | Une mère et ses oursons
1977
lithograph | lithographie
240 x 420
signed | signé: ba_ra
printer's stamp
tampon du graveur: ◁▷ᶜ⌣ᵗ
Cape Dorset print catalogue 1977. L-9
Catalogue d'estampes de Cape Dorset 1977, L-9

INA | AIN

I don't really like drawings too colourful. The thing I really like is when the colours are matching or when they're almost the same — when the colours are like real.

Myself, I have never really seen so many polar bears in my life, but I know what colour they can be in different weather. The colour of a polar bear will be like this on a cloudy day. When everything is so white, the colour of a polar bear will be yellowish.
artist statement from *Dorset 78* (Toronto: M.F. Feheley Publishers, 1978) p. 46

Je n'aime pas réellement les dessins trop colorés. Ce que j'aime vraiment, c'est que les couleurs se marient bien ou qu'elles soient presque pareilles — qu'elles soient réalistes.

Personnellement, je n'ai pas tellement vu d'ours polaires dans ma vie, mais je sais de quelle couleur ils peuvent être selon la température. Si c'est nuageux, l'ours polaire sera de cette couleur-ci. Lorsque tout est très blanc, l'ours polaire paraîtra jaunâtre.
déclaration de l'artiste tirée de *Dorset 78* (Toronto: M.F. Feheley Publishers, 1978) p. 46

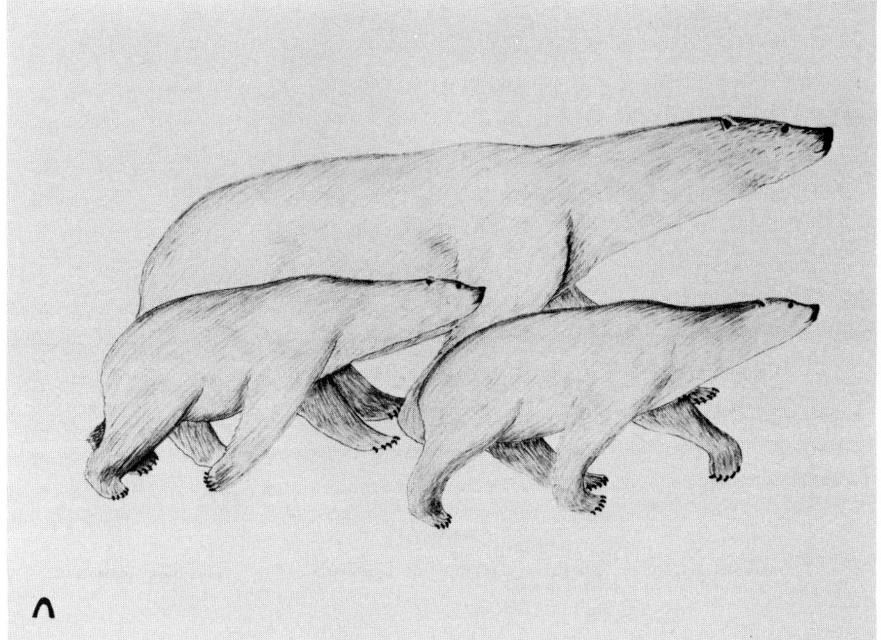

62

61
Jamasie Teevee
1910 -
Pitseolak Niviaqsi
1947 -
Cape Dorset

Ahigiit
1977
lithograph ǀ lithographie
455 x 607
signed ǀ signé:
printer's stamp
tampon du graveur:
Cape Dorset print Catalogue 1977, 14
Catalogue d'estampes de Cape Dorset
1977, 14

INA ǀ AIN

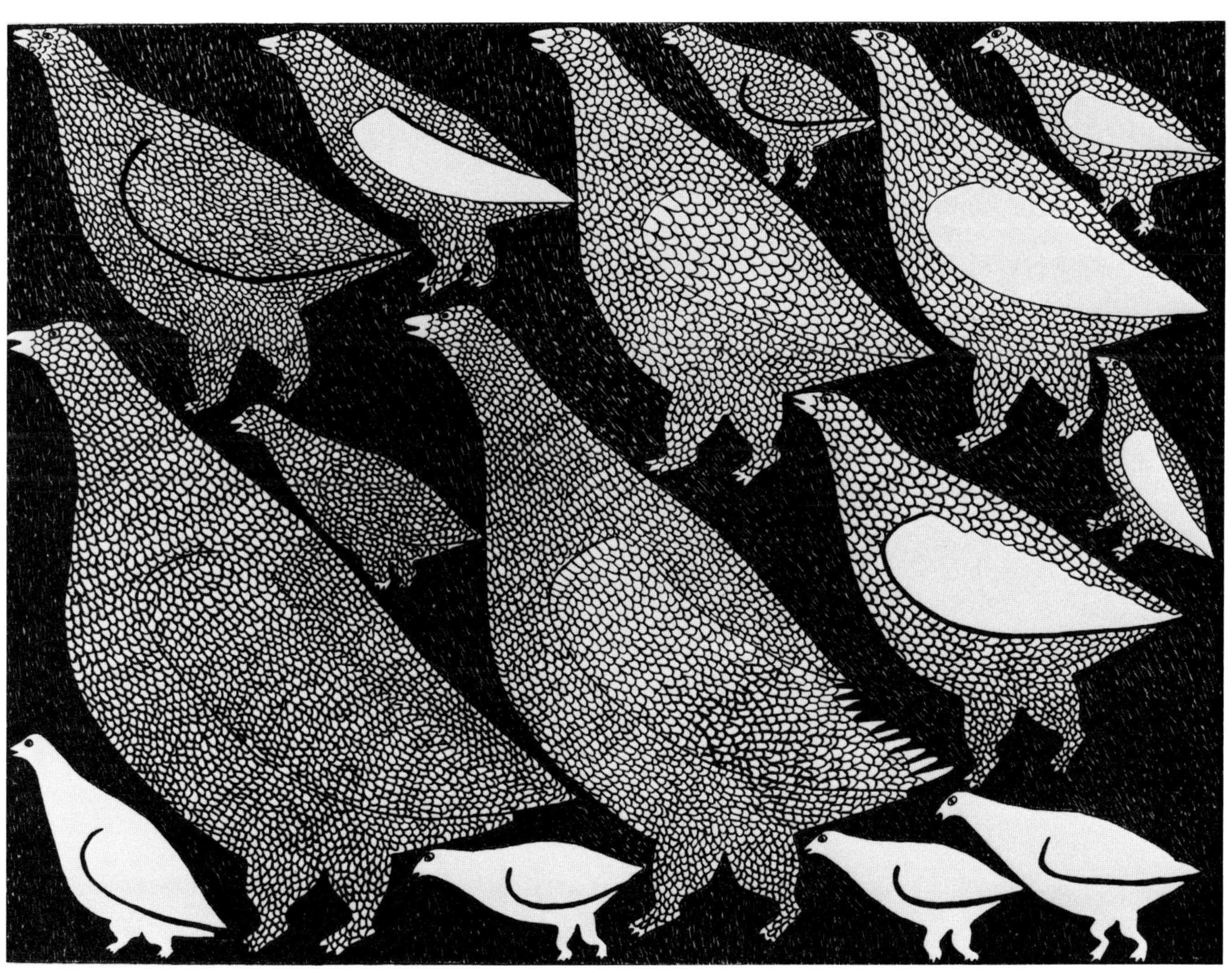

61

63
Tommy Novakeel
1911 -
Jacoposee Tiglilk
1952 -
Pangnirtung

Whaling in the Cumberland Sound:
1930's ı Pêche à la baleine: 1930
1977
stencil ı pochoir
200 x 710
signed ı signé: ᖅᑯᑉᔪ ᐱᓕ & ᑕᒥᓲᕿ
Pangnirtung print catalogue 1977, 10
Catalogue d'estampes de Pangnirtung
1977, 10

Pangnirtung Eskimo Co-operative
Limited

80

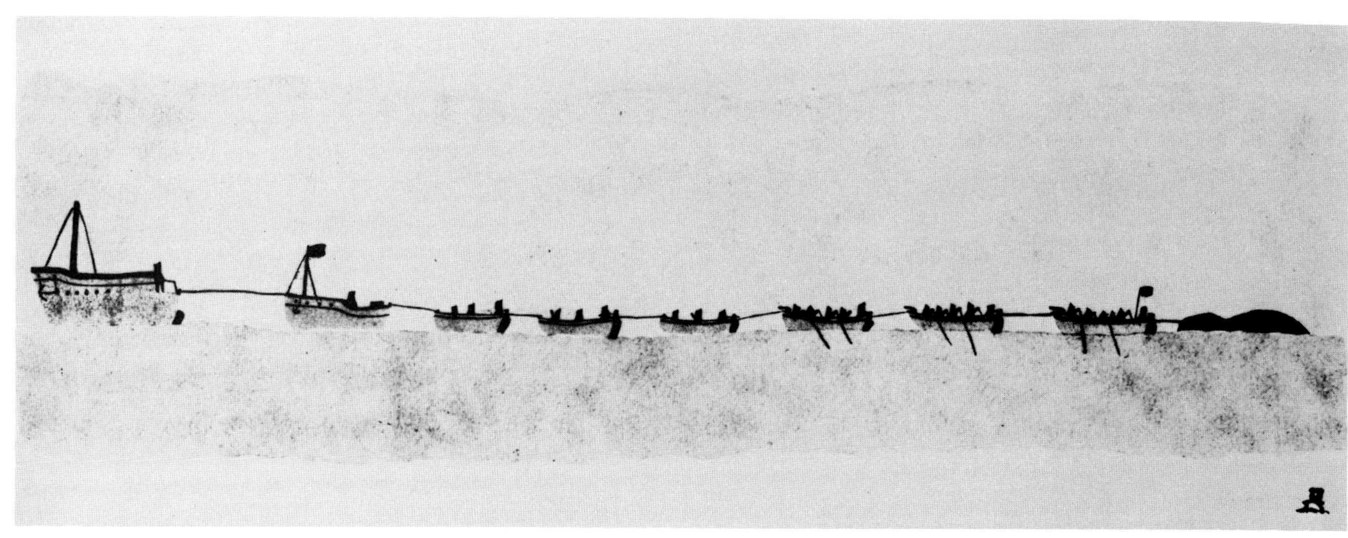

63

64
Leah Qumaluk
1934 -
Povungnituk

Waiting for the Dog Team ı *Attente du
retour des traîneaux*
1978
stonecut ı gravure sur pierre
210 x 410
unsigned ı non signé
Povungnituk print catalogue 1978, 26
Catalogue d'estampes de Povungnituk
1978, 26

INA ı AIN

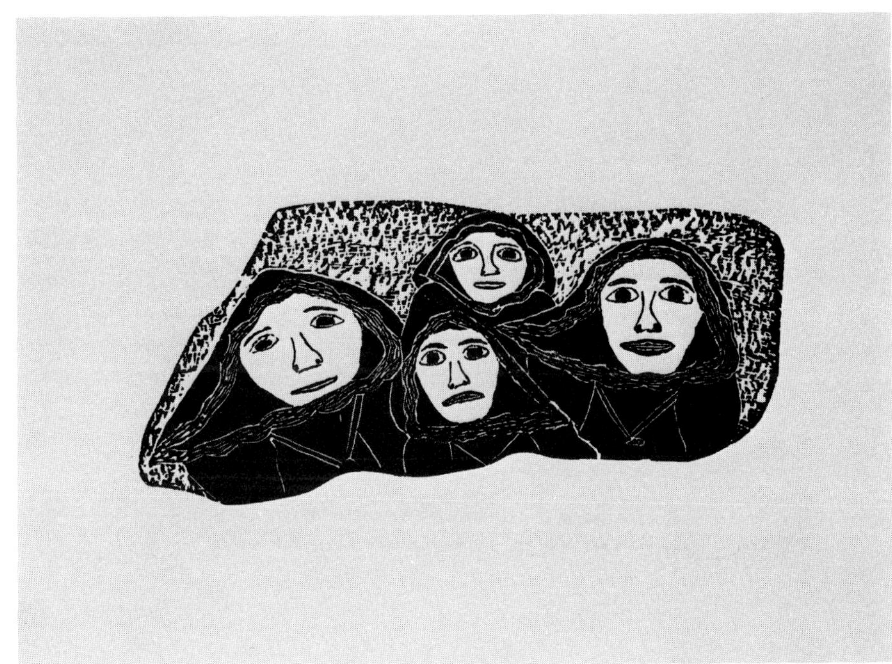

64

65
Johnny Novalinga
1908 -
Sarah Putuguk 1958 -
Leah Ammittu c ı vers 1920 -
Povungnituk

Caribou ı Caribous
1978
stencil on hand-coloured
paper ı pochoir sur papier coloré à la
main
180 x 240
unsigned ı non signé
Povungnituk print catalogue 1978, 28
Catalogue d'estampes de Povungnituk
1978, 28

INA ı AIN

82

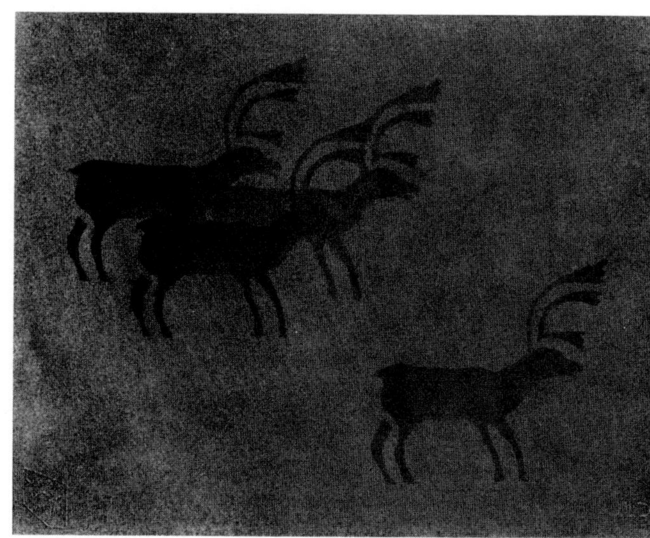

65

66
Kenojuak Ashevak
1927 -
Timothy Ottochie
1904 -

Seamaids ǀ *Nymphes marines*
1978
stonecut ǀ gravure sur pierre
520 x 720
signed ǀ signé: ᑭᓄᐊᔾᐊ
printer's stamp
tampon du graveur: ᐅᒍ ᑭ
Cape Dorset print catalogue 1978, 41
Catalogue d'estampes de Cape Dorset
1978, 41

INA ǀ AIN

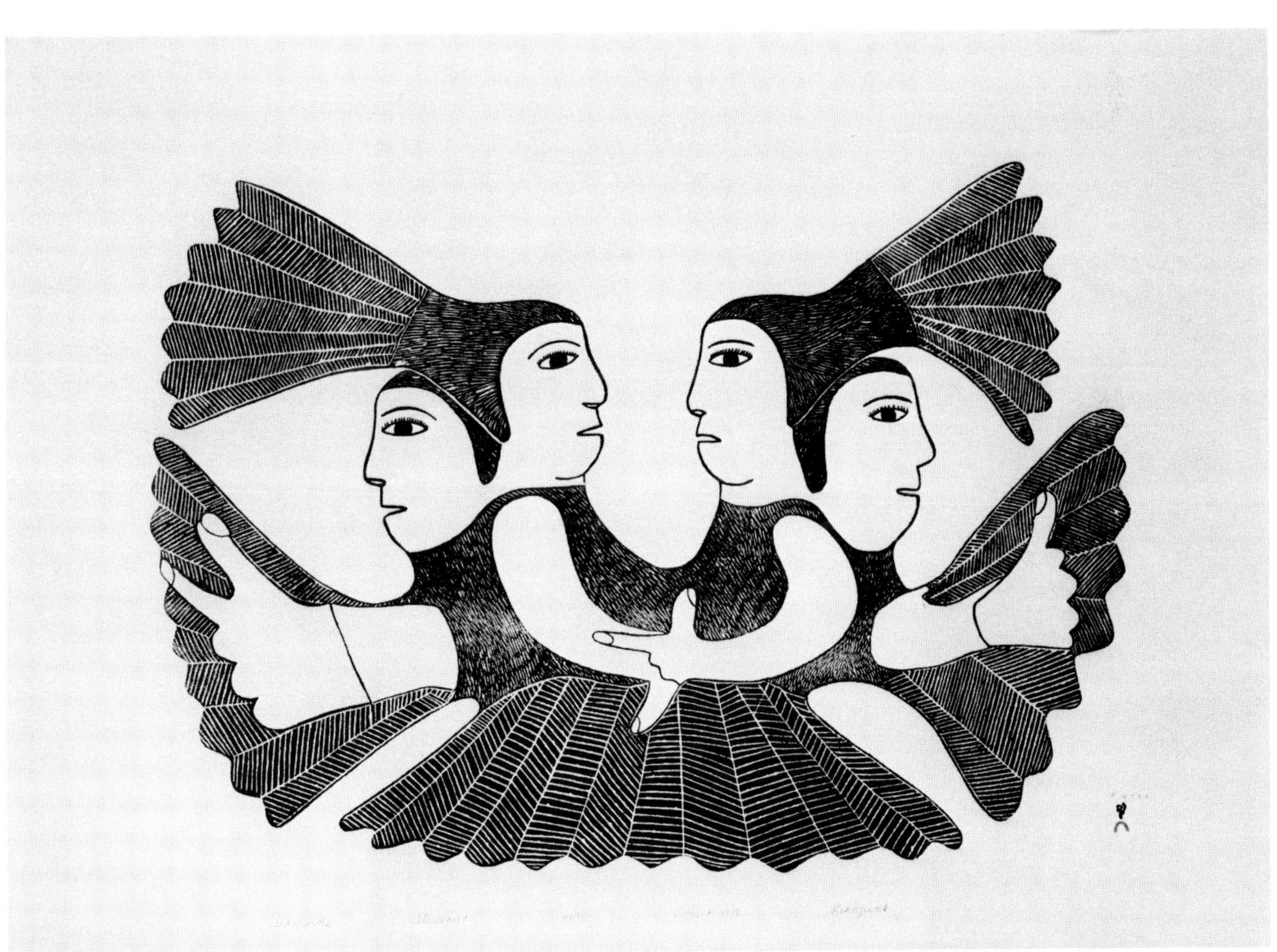

67
**Jessie Oonark 1906 -
Thomas Akuliaq
1954 -
Baker Lake**

*Two Fish Looking for Something to
Eat* | *Deux poissons à la recherche de
nourriture*
1978
silkscreen | sérigraphie
520 x 757
signed | signé: ▷ᐤ & ◁ᒡᑎ◁ᖅ
Baker Lake print catalogue 1978, 16
Catalogue d'estampes de Baker Lake
1978, 16

INA | AIN

84

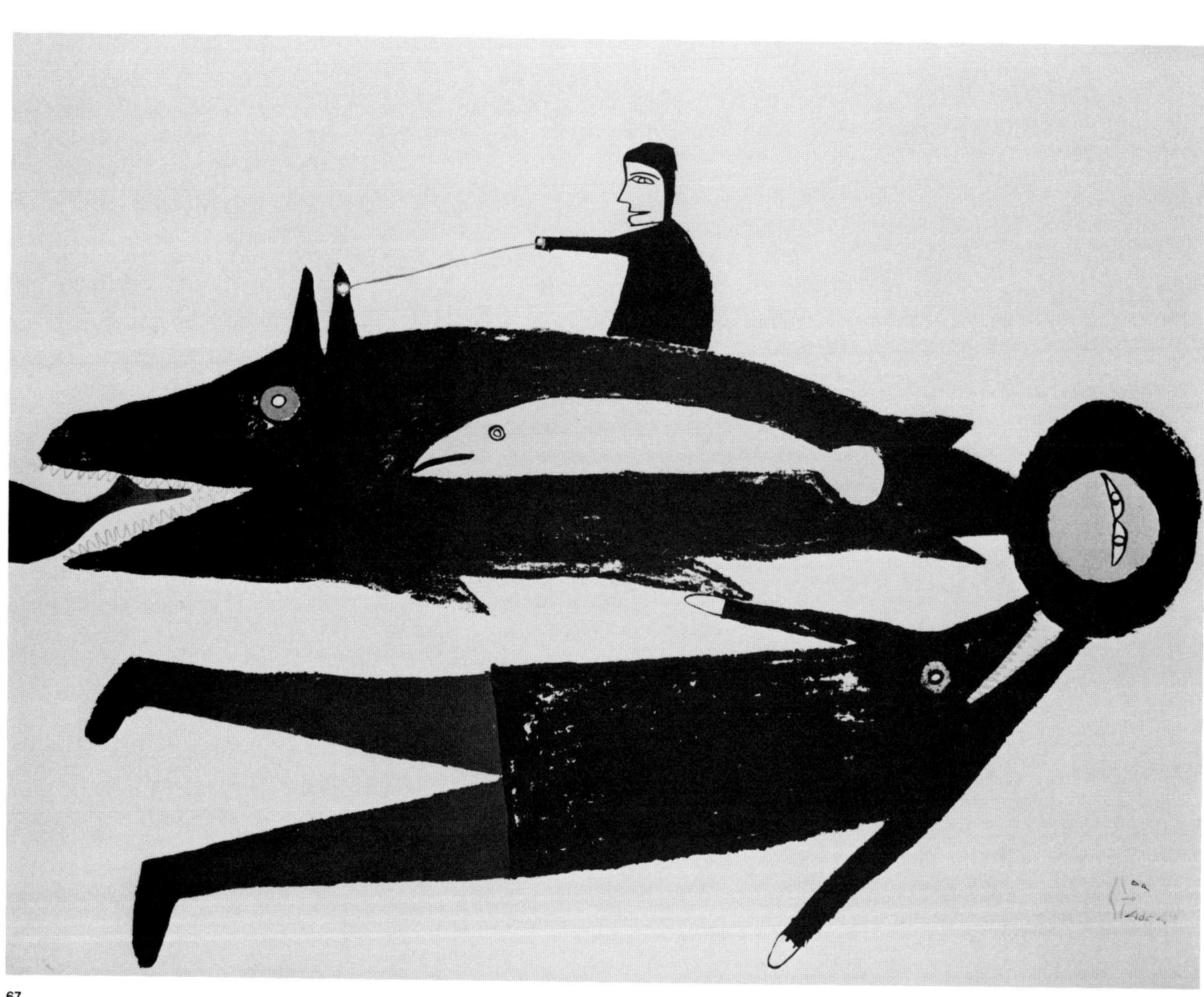

67

68
Mayoriak Ashoona
1946 -
Pitseolak Niviaqsi
1947 -
Cape Dorset

First Goose Hunt | *Première chasse à l'oie*
1979
lithograph | lithographie
445 x 610
signed | signé: ᒪᔪᕆᐊ
printer's stamp
tampon de l'artiste: ᐱᓯᐅᓚ
Cape Dorset print catalogue 1979, L-17 | Catalogue d'estampes de Cape Dorset 1979, L-17

INA | AIN

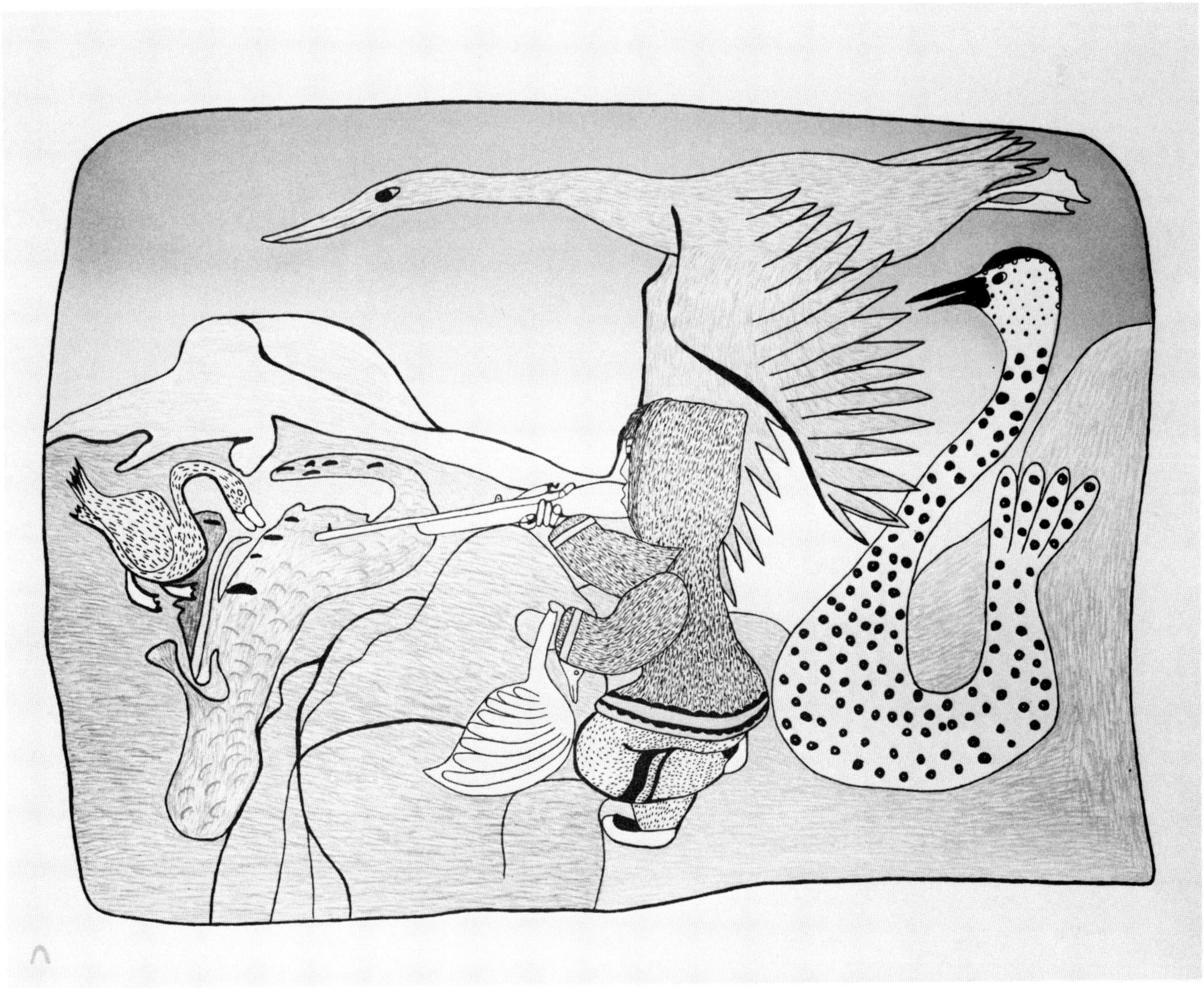

68

69
Joe Talirunili
1899 - 1976
Povungnituk

The People Takatak, Kinuajuak,
Kanavalik ... ı Ceux de la terre ferme,
Takatak, Kinuajuak, Kanavalik ...
c ı vers 1970
graphite pencil, crayon, felt
pen ı crayon à mine de plomb, crayon
de couleur, stylo feutre
460 x 611
signed ı signé: JOE

Marybelle Myers, ed., *Joe Talirunili*
(Montréal: La Fédération des
coopératives du Nouveau-Québec,
1977), p. 51

CES ı SCE

*The People Takatak, Kinuajuak, Kanavalik,
on land were wondering if the canoe was
carrying white people or Indians. They were
very scared because they never expected a
boat in July. They thought they were near
death when they heard someone shouting to
them from the boat. This is what they heard:*

*'We're Eskimo, we're not Indians or white
people. We were caught in the ice but this is
the first time we have seen land since a long
time.' Woman shouting is Aula.*
inscriptions on drawing, as translated in *Joe
Talirunili*, p. 50

*Ceux qui étaient sur la terre ferme, Takatak,
Kinaujuak, Kanavalik, se demandaient si le
canot transportait des blancs ou des
Indiens. Ils avaient très peur, parce qu'ils
étaient loin de s'attendre à l'arrivée d'un
bateau en juillet. Ils se croyaient au seuil de
la mort lorsqu'ils entendirent quelqu'un leur
crier de bateau. Voici ce qu'ils ont entendu:*

*'Nous sommes des Esquimaux, non des
Indiens ou des hommes blancs. Nous avons
été pris dans la glace mais c'est la première
fois que nous voyons la terre depuis
longtemps.' La femme qui crie est Aula.*
inscriptions sur le dessin, telles que traduites
dans *Joe Talirunili*, p. 50

86

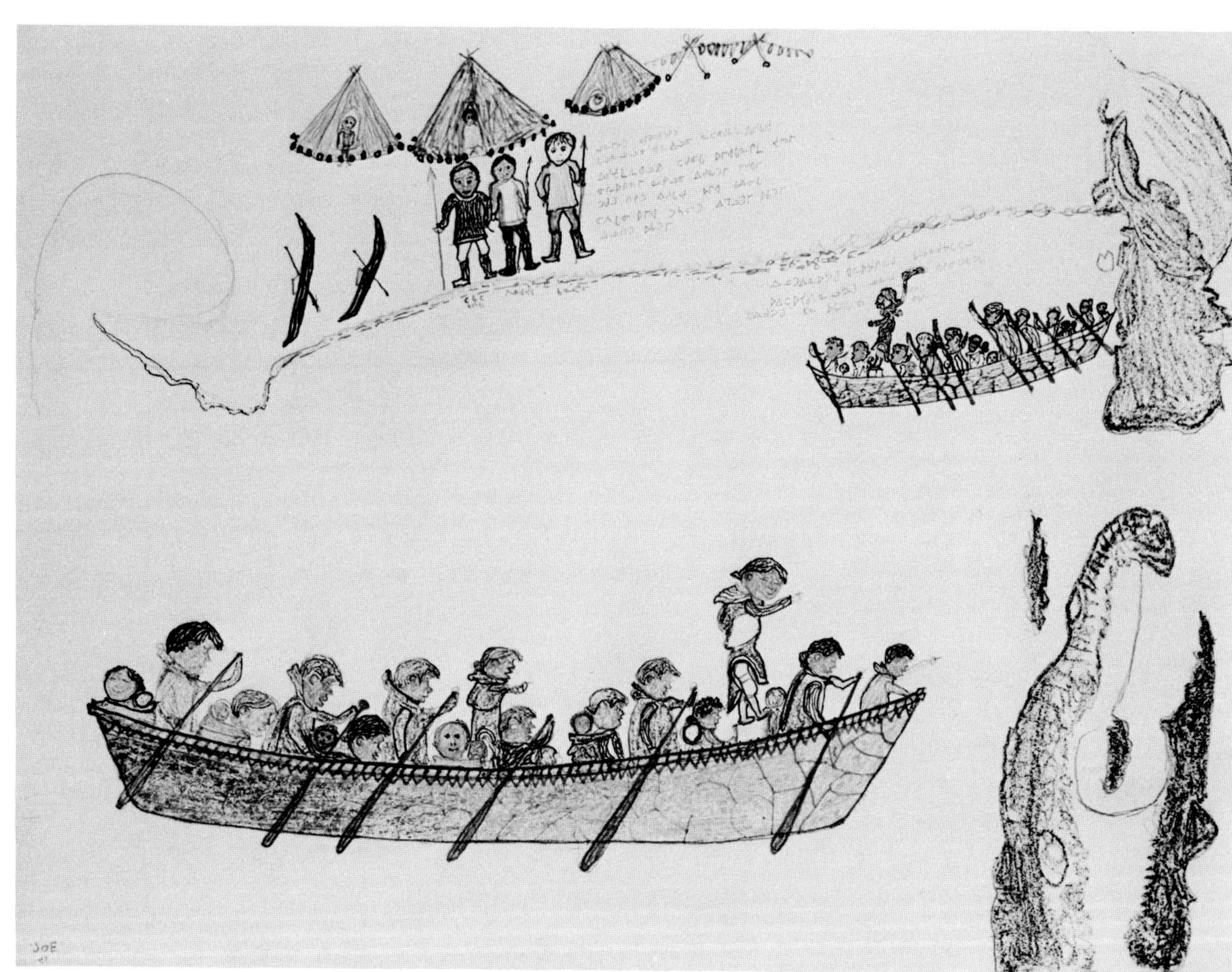

69

70
Harold Qarlisaq
1928 -
Baker Lake

Dog Teams and Footprints ׀ Attelages
de chiens et empreintes de pas
1971 - 1972
graphite pencil ׀ crayon à mine de
plomb
475 x 750
signed ׀ signé: ᕿᑦᓴᖅ

Exh ׀ Exp: Winnipeg Art Gallery *Baker
Lake Drawings,* 1972, 19

Winnipeg Art Gallery, Acquired with
the ׀ acquis grâce au Bessie Bulman
Fund

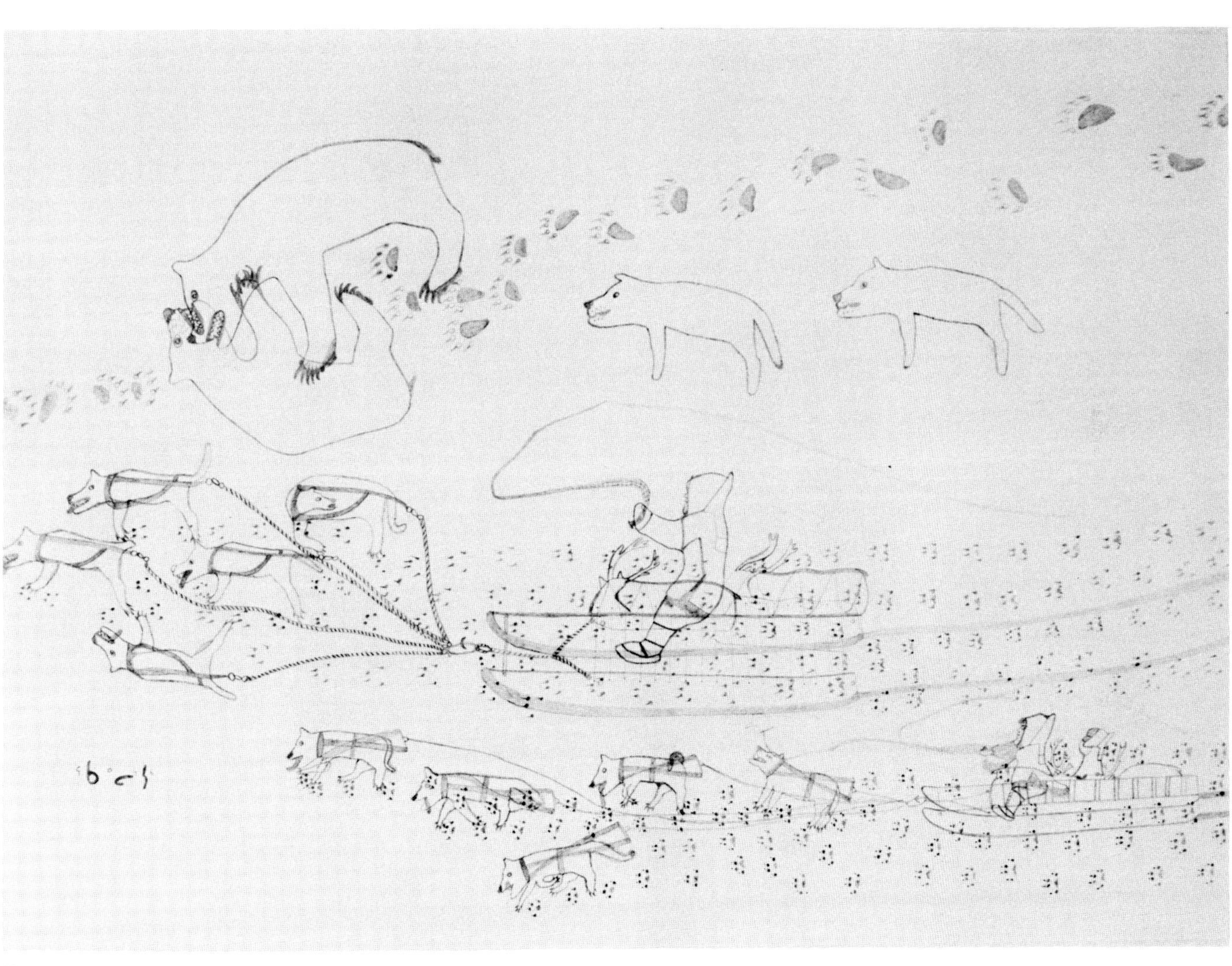

70

71
Luke Anguhadluq
c ı vers 1895 -
Baker Lake

Two drawings ı Deux dessins
1972
graphite pencil and crayon ı crayon à
mine de plomb et crayon de couleur
48 x 105, 123 x 85
left drawing signed ı dessin à gauche
signé: ◁ᒍᕐᑐ

private collection ı collection
particulière, Winnipeg

88

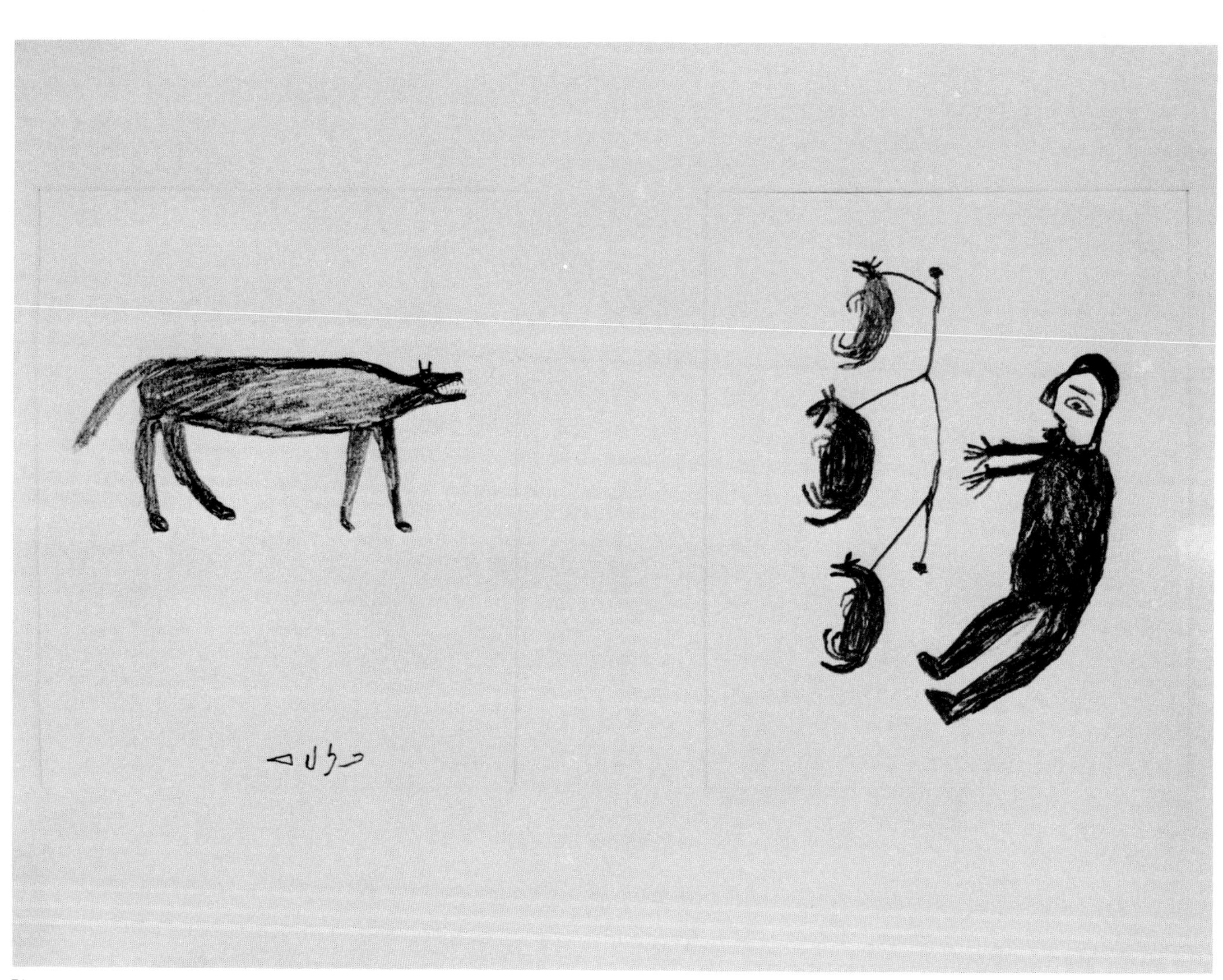

71

72
Luke Anguhadluq
c ı vers 1895 -
Baker Lake

Three drawings ı Trois dessins
1972
graphite pencil and crayon ı crayon à
mine de plomb et crayon de couleur
98 x 83, 45 x 30, 112 x 49
unsigned ı non signé

private collection ı collection
particulière, Winnipeg

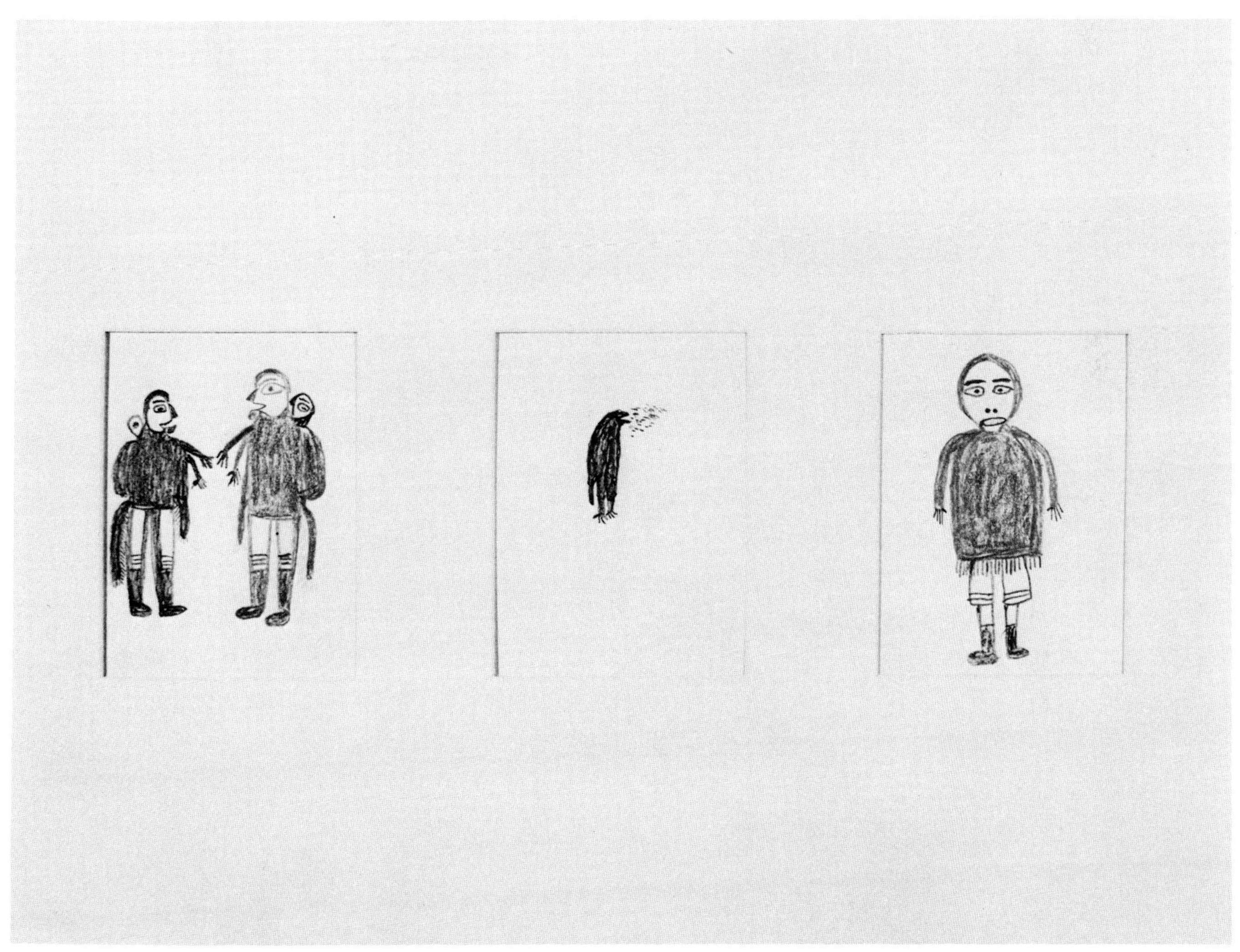

73
Agnes Nanogak
1925 -
Holman

Owl with Catch of Rabbits ı Harfang et
dépouilles de lapins
1972
felt pen ı stylo feutre
382 x 518
signed ı signé: NANOGAK

Holman Eskimo Co-operative Limited

90

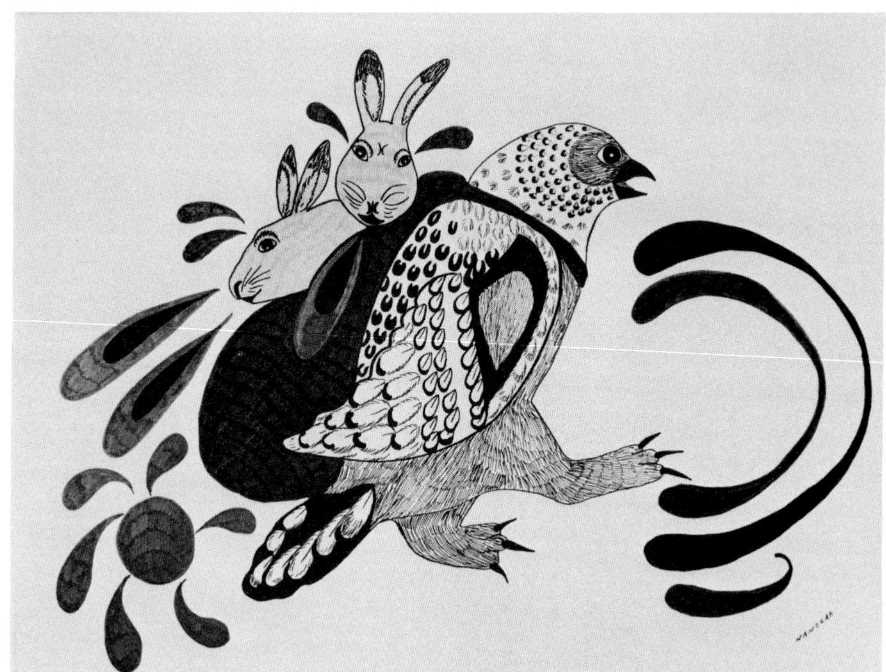

73

74
Nancy Pukingrnak Aupaluktuk
1940 -
Baker Lake

Qavavaq Image ı Image de Qavavaq
c. ı vers 1973
graphite pencil, crayon ı crayon à mine
de plomb, crayon de couleur
450 x 643 mm
signed ı signé: ＞Ｐａ

INA ı AIN

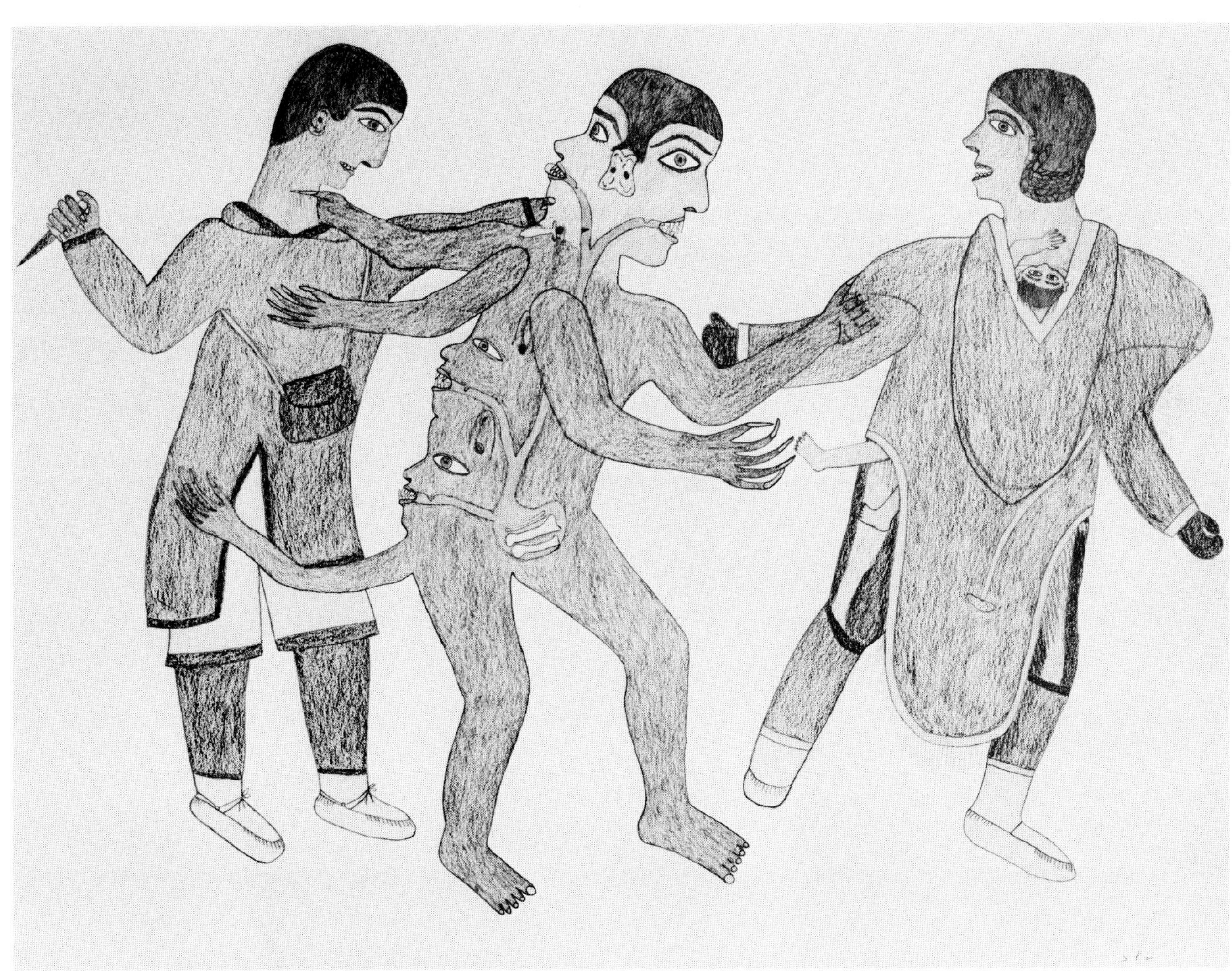

75
Ruth Annaqtuusi Tulurialik
1934 -
Baker Lake

Untitled ı Sans titre
1974
crayon ı crayon de couleur
559 x 762
signed ı signé: ◁ᓚᑐᕈ

Exh ı Exp: AGO, *The People
Within* ı *Les gens de l'intérieur,* 1976, 19

INA ı AIN

92

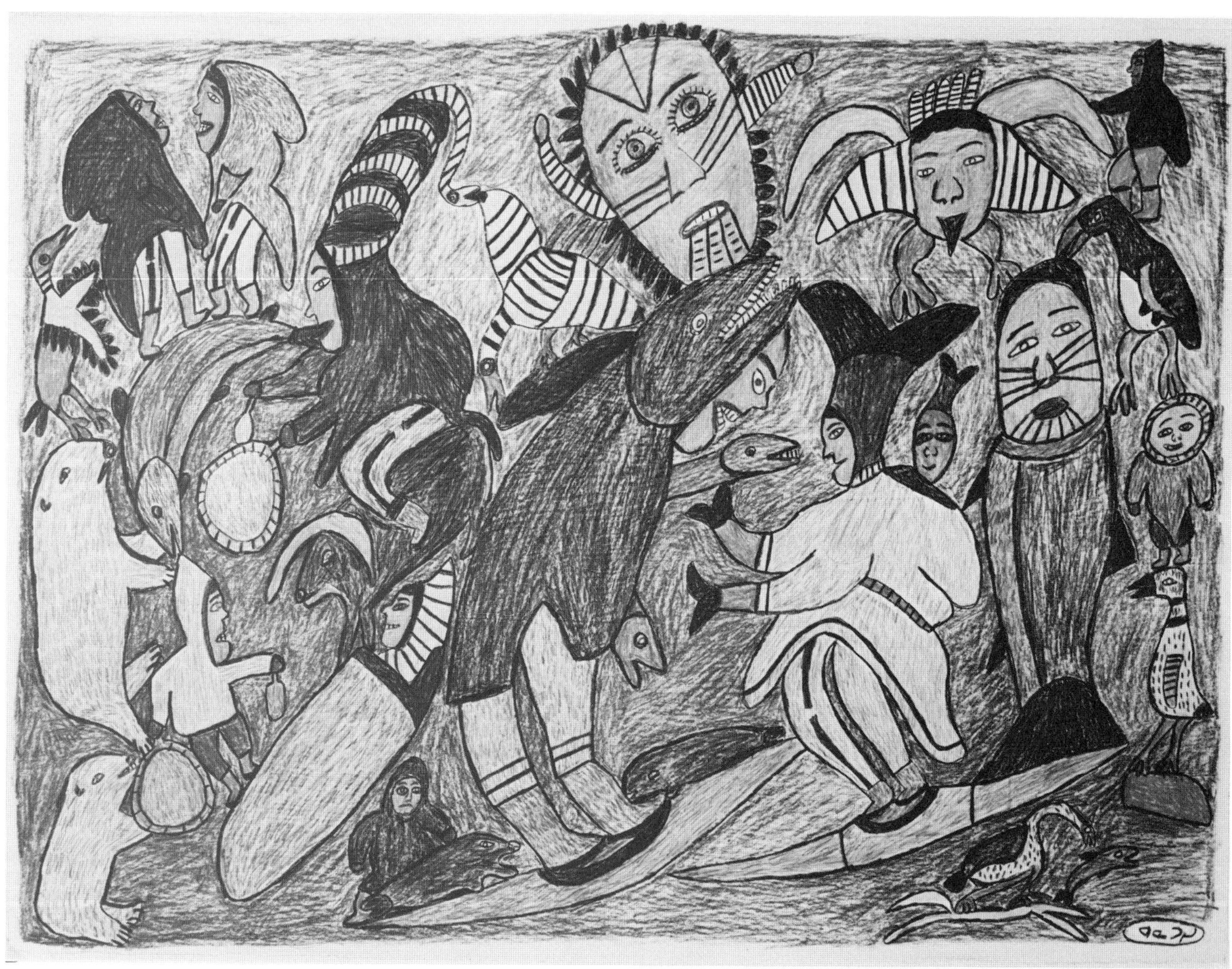

75

76
Armand Tagoona
1926 -
Baker Lake

Inuk and His Sister Who Went to the
Moon ǀ Inuk et sa soeur qui sont allés
sur la lune
c ǀ vers 1975
crayon ǀ crayon de couleur
545 x 834
signed ǀ signé: A. Tagoona Ꮯᒍᖅᐊᓐ

Armand Tagoona *Shadows* (Canada:
Oberon Press, 1975), plate 18

private collection ǀ collection
particulière

*When I drew this I thought about the Inuk and
his sister who went to the moon long before
the white man went there. There are stories
about people who went to the moon in
different times. But we don't know what
happened to them when they got there. In the
olden days we children used to be told not to
look at the moon too long, because, they
said, if you do, someone from the moon will
come with his dog team and take you there ...*
Armand Tagoona, *Shadows*, n. pag.

*Lorsque j'ai fait ce dessin, je pensais à Inuk
et sa soeur qui sont allés sur la lune
longtemps avant que l'homme blanc n'y aille.
Il y a des histoires à propos de gens qui sont
allés sur la lune à différentes époques. Mais
nous ne savons pas ce qui leur arrivait une
fois rendu là-bas. Jadis, on nous disait, à
nous les enfants de ne pas regarder la lune
trop longtemps, parce que, disait-on, si vous
le faites, quelqu'un de la lune viendra avec
son attelage de chiens pour vous y emporter.*
Armand Tagoona, *Shadows*, non paginé

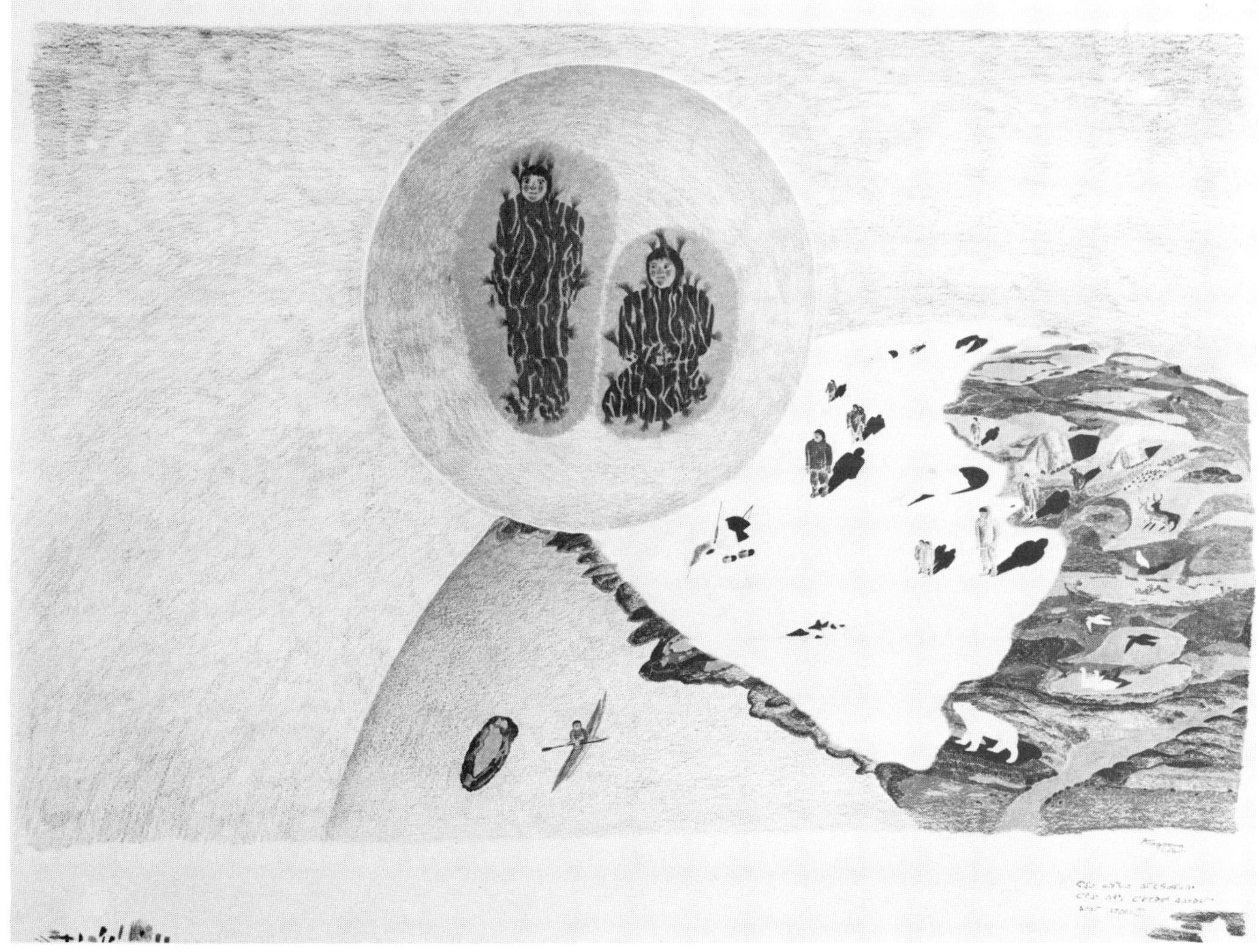

77
Sorosilutu Ashoona
1941 -
Cape Dorset

Jumping the *Avatuq* ı En franchissant
l'*avatuq*
c ı vers 1976
felt pen ı stylo feutre
356 x 560
signed ı signé: ⊂⊃

related work ı oeuvre connexe:
Kaliviktato, 1976
stone cut and stencil ı gravure sur
pierre et pochoir
Cape Dorset print catalogue 1976, 14
Catalogue d'estampes de Cape Dorset
1976, 14

West Baffin Eskimo Co-operative
Limited, Cape Dorset

94

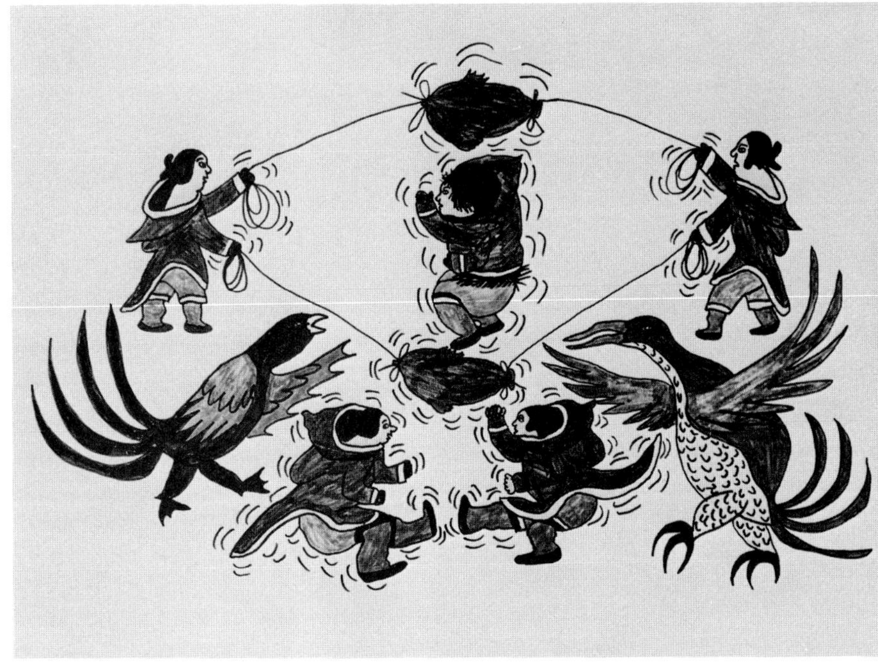

77

78
Etidlooie Etidlooie
1912 -
Cape Dorset

Camp Scene with Whales, Fish and
Plants ı Scène de campement avec
baleines, poissons et plantes
1976
felt pen, crayon, acrylic paint ı stylo
feutre, crayon de couleur, peinture
acrylique
508 x 705
signed ı signé: ᐃᑦᑐᓗ

INA ı AIN

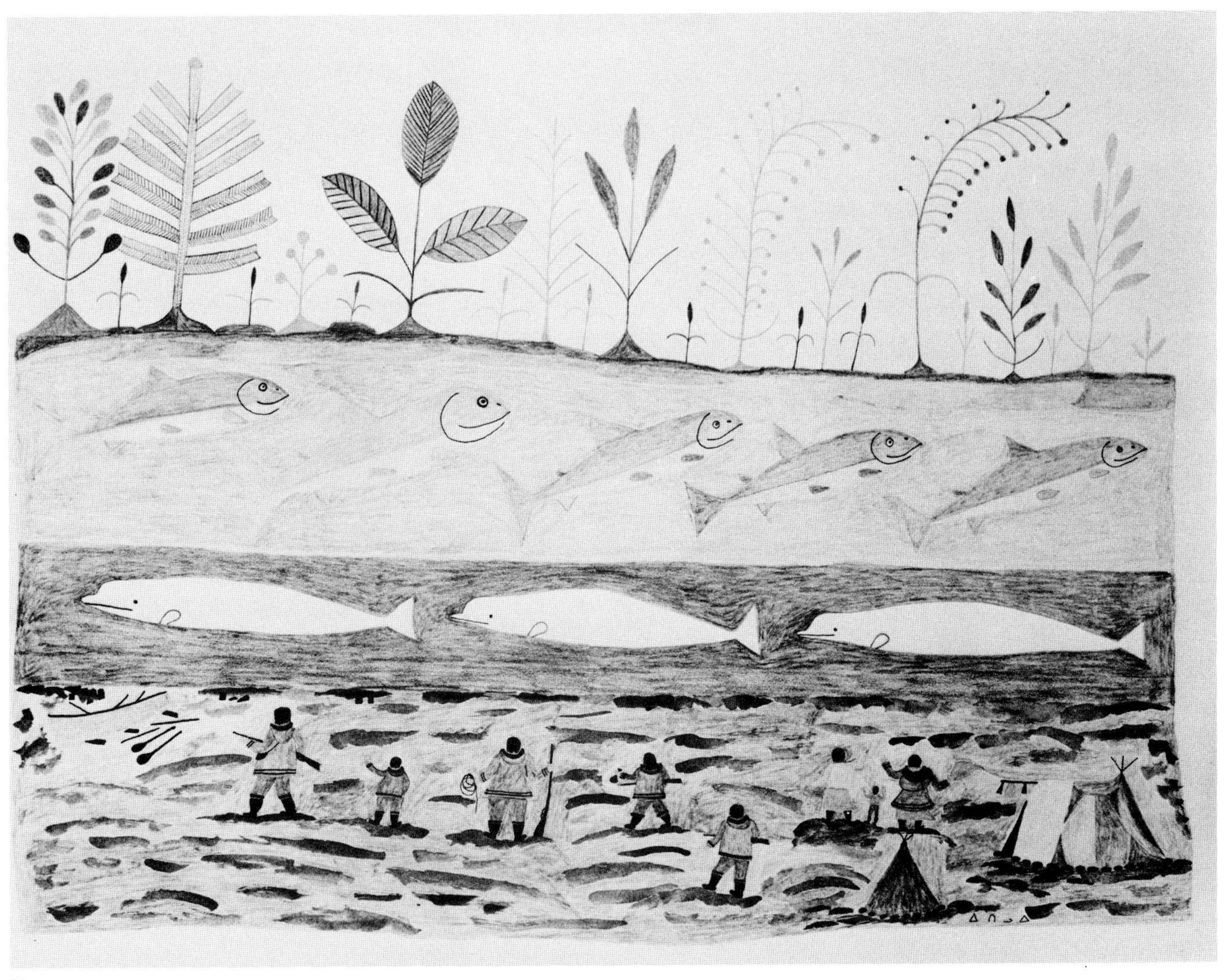

79
Janet Kigusiuq
1926 -
Baker Lake

Untitled ı Sans titre
1976 - 1977
graphite pencil and crayon ı crayon à
mine de plomb et crayon de couleur
560 x 763
signed ı signé: ᑭᒍᓯᐅ E271

Shelley Braemer, Winnipeg

96

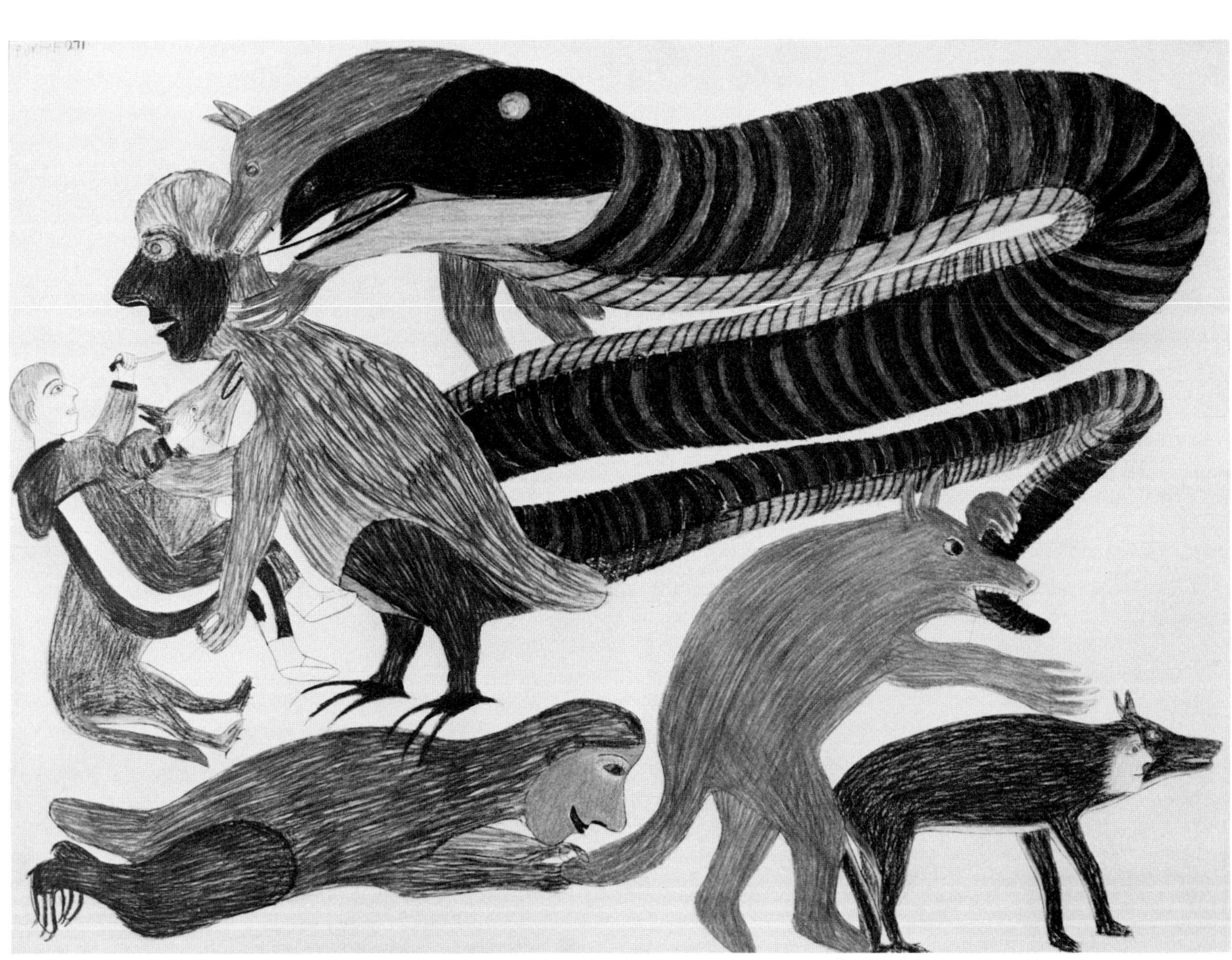

79

80
Pudlo Pudlat
1916 -
Cape Dorset

Landscape with Caribou and
Airplane ı Paysage avec caribou et
avion
1976 - 1977
crayon, felt pen, acrylic paint ı crayon
de couleur, stylo feutre, peinture
acrylique
525 x 660
signed ı signé: ⊂⌐

Canada Council Art Bank ı Conseil des
Arts du Canada, Banque d'oeuvres
d'art

*At times when I draw, I am happy, but
sometimes it is very hard. I have been
drawing a long time now. I only draw what I
think, but sometimes I think the pencil has a
brain too.*
artist statement from *Dorset 78* (Toronto:
M.F. Feheley Publishers, 1978), p. 65

*Quelquefois quand je dessine, je suis
heureux, mais c'est parfois très difficile. Ça
fait maintenant longtemps que je dessine. Je
dessine seulement ce que je pense, mais je
pense parfois que le crayon aussi a une
volonté.*
déclaration de l'artiste, tirée de *Dorset 78*
(Toronto: M.F. Feheley Publishers, 1978), p
65

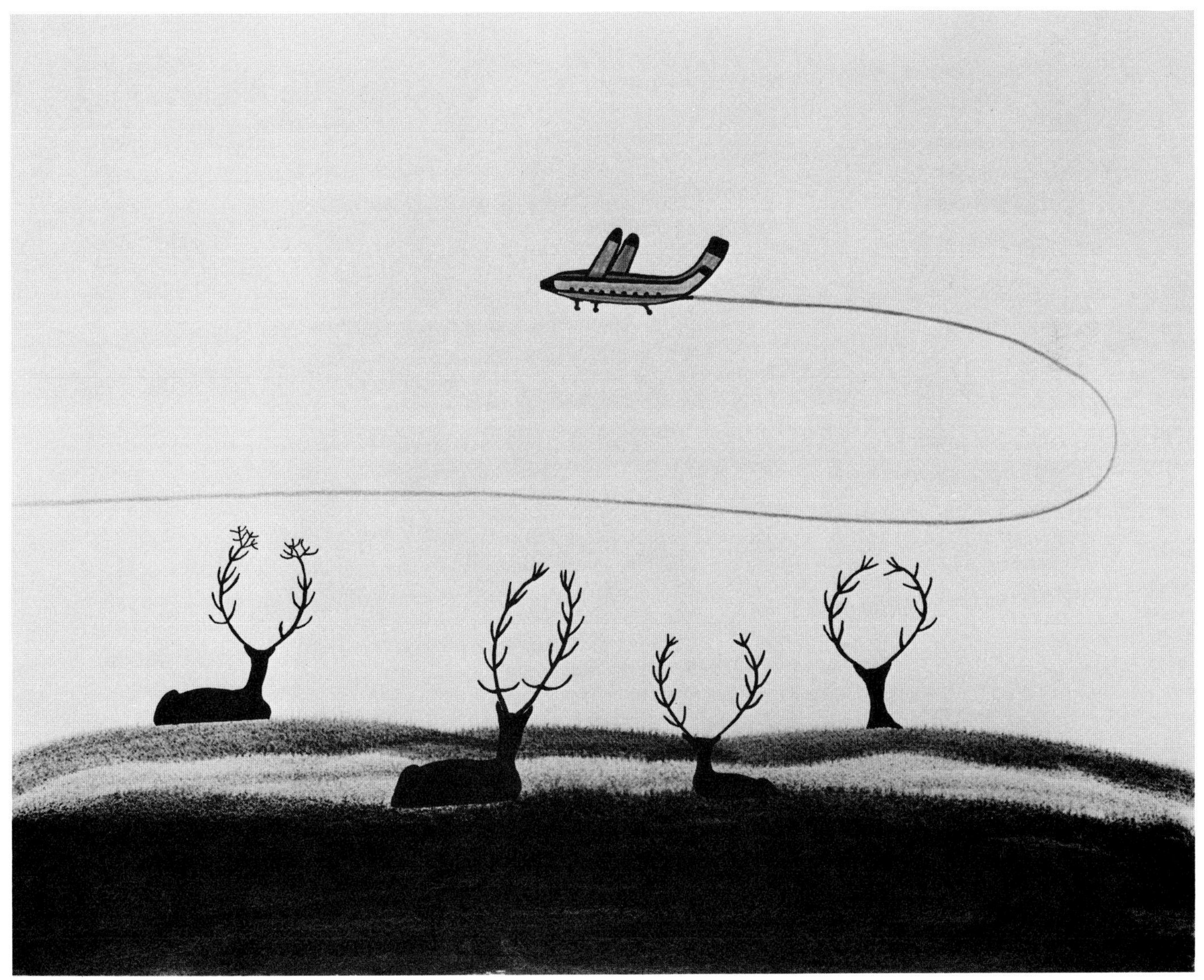

81
Pudlo Pudlat
1916 -
Cape Dorset

Airplane and Blue Tent I Avion et tente
bleue
1976
acrylic paint, crayon and felt
pen I peinture acrylique, crayon de
couleur, stylo feutre
529 x 664
signed I signé: < ⅃

Gallery Moos, Toronto

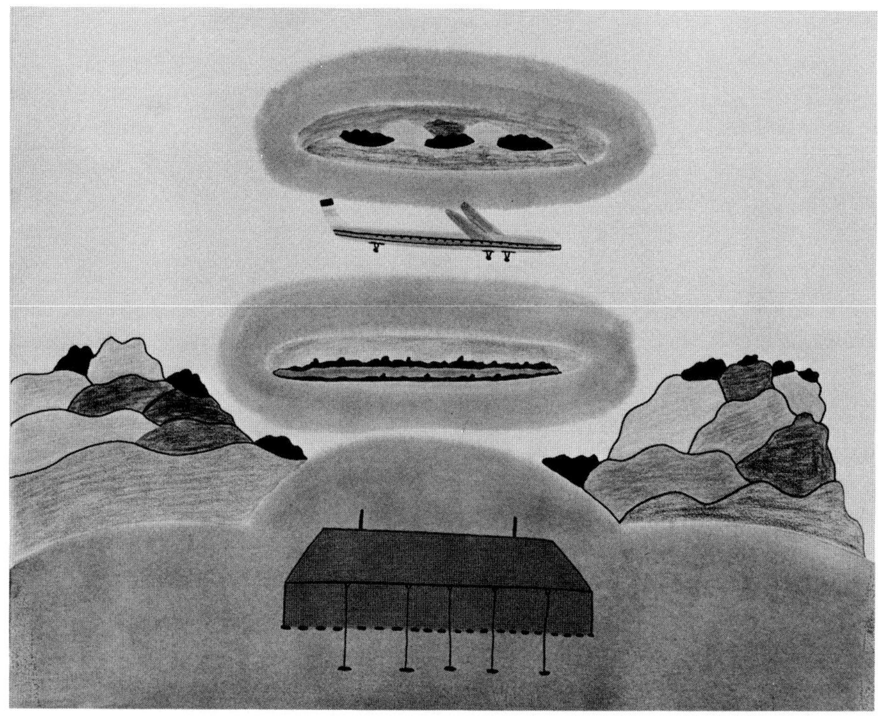

81

82
Kingmeata Etidlooie
1915 -
Cape Dorset

Birds on a Cliff ı Oiseaux sur un
escarpement
1976 - 1977
acrylic paint, crayon, felt pen ı peinture
acrylique, crayon de couleur, stylo
feutre
585 x 785
signed ı signé: ᐲᖦᐊᑦ

INA ı AIN

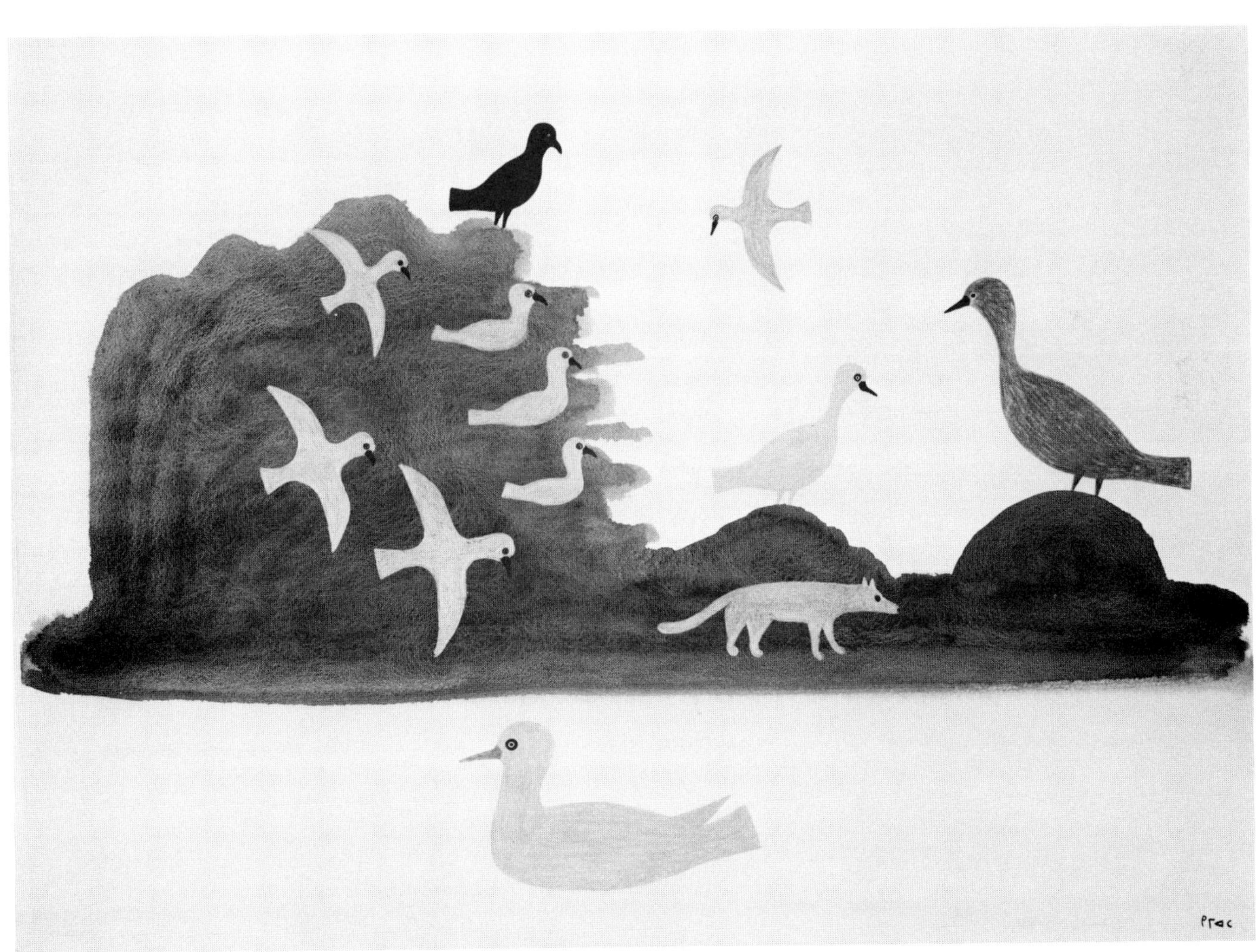

82

83
Lucy Qinnuayuak
1915 -
Cape Dorset

Composition with Birds and
People I Composition d'oiseaux et de
personnes
1977
crayon, acrylic paint, felt pen I crayon
de couleur, peinture acrylique, stylo
feutre
559 x 762
signed I signé:

INA I AIN

100

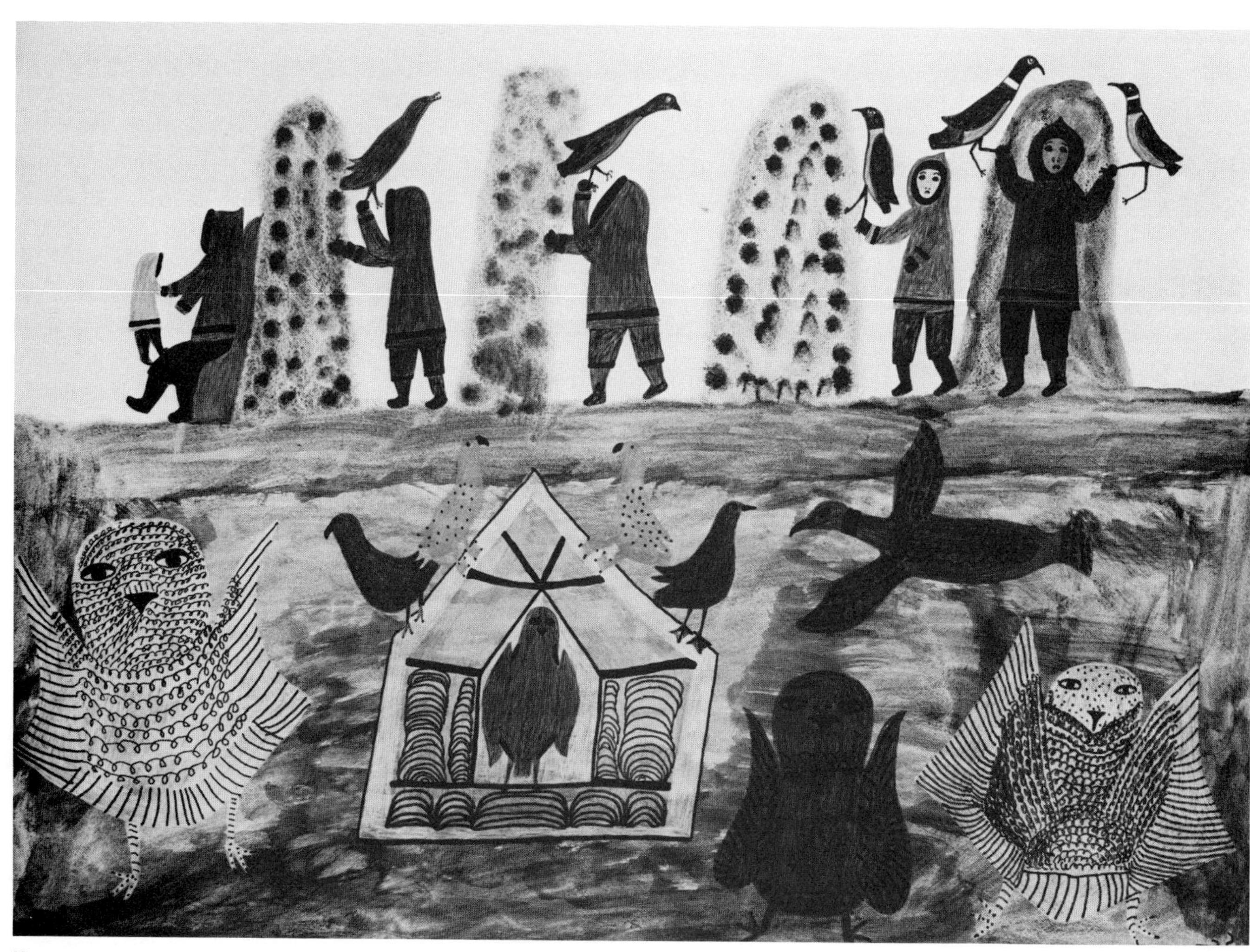

83

Bibliography

Bibliographie

Arngna'naaq, Ruby
'Baker Lake Printmakers', *North | Nord*
XII, 2 (1974) 13-14.

Art Gallery of Ontario
The People Within | Les gens de l'intérieur
Toronto 1976.

Blodgett, Jean
Karoo Ashevak, The Winnipeg Art Gallery,
(1977).

Blodgett, Jean
Tuu'luq/Anguhadluq, The Winnipeg Art
Gallery, (1976).

Blodgett, Jean *et al*
Repulse Bay, The Winnipeg Art Gallery,
(1978).

Bromfield, Abjon
'Operation Whalebone', *North | Nord* XVI,
6 (1969), 1-7.

Butler, K.J.
'My Uncle Went to the Moon', *artscanada*
30 (184-187), 1973-1974, 154-58.

Butler, Sheila
'The First Printmaking Year in Baker Lake',
The Beaver, (1976), 17-26.

Canadian Arctic Producers
From the Bottom of the Kudlik: Carvings and
artifacts from Gjoa Haven | Du fin fond des
âges — Sculptures et objets de Gjoa Haven
Ottawa: Canadian Arctic Producers and | et
the Innuit Gallery, Toronto (1974).

Canadian Eskimo Arts Council | Conseil
canadien des arts esquimaux
Sculpture:
A competition | exhibition of Eskimo
sculpture organized by the Canadian
Eskimo Arts Council as a contribution to the
Centennial of the Northwest Territories;
Exposition | concours de sculptures
esquimaudes organisée par le Conseil
canadien des arts esquimaux à titre de
contribution au centenaire des Territoires du
Nord-Ouest; Ottawa, (1970).

Canadian Eskimo Arts Council | Conseil
canadien des arts esquimaux
Sculpture of the Inuit: masterworks of the
Canadian Arctic
La sculpture chez les Inuit: chefs-d'oeuvre
de l'Arctique canadien
Toronto: University of Toronto Press, 1971.

Cowan, Susan, ed.
We don't live in snow houses now:
Reflections of Arctic Bay
Edmonton: Hurtig Publishers, 1976.
Nous ne vivons plus dans les igloos
Texte français de René V.Manevy;
Ottawa: Editions internationales Alain Stanké
Ltée, 1978.

Eber, Dorothy, ed.
Pitseolak: Pictures out of My Life
Montreal: Design Collaborative Books and
Toronto: Oxford University Press, 1971.
Seattle: University of Washington Press,
1972.
Pitseolak: Le livre d'images de ma vie
Texte français de Claire Martin. Montréal: Le
Cercle du Livre de France avec la
permission de Design Collaborative Books,
1972.

Fulford, Robert
'Canadian Eskimo art is showing an
unexpected staying power', *The Toronto*
Star, 21 November 1971.

Graburn, N.H.H., ed.
Ethnic and Tourist Arts: Cultural Expressions
from the Fourth World
Berkeley and Los Angeles: University of
California Press, 1976.

Houston, James A.
Eskimo Prints
Barr, Mass: Barre Publishers, 1967 and Don
Mills, Ontario: Longman, 1971.
Bilingue, sans titre français.

Houston, John
'Davie Atchealak: Hunter, Sculptor,
Provider'.
Arts and Culture of the North III, 2 (1979),
146, 147.

McCartney, Allen P., ed.
Archaeological Whale Bone: A Northern
Resource — First Report of the Thule
Archaeology Conservation Project.
University of Arkansas Anthropological
Papers, No. 1 (1979).

Martijn, Charles A.
'Canadian Eskimo Carving in Historical
Perspective', *Anthropos,* LIX (1964),
546-596.

Myers, Marybelle, ed.
Joe Talirunili: 'a grace beyond the reach of
art'.
Montréal: La Fédération des Coopératives
du Nouveau-Québec, 1977.

National Museum of Man | Musée national
de l'Homme
The Inuit Print | L'estampe inuit.
Ottawa: National Museums of
Canada | Musées nationaux du Canada,
1977. Text by | texte de Helga Goetz.

Print and Drawing Council of Canada
Imprint '76
Exhibition organized by the Print and
Drawing Council of Canada, circulated by
the Art Gallery of Ontario, Extension
Services.
Exposition par le Print and Drawing Council
of Canada avec le concours du service de
diffusion du Musée de Beaux-Arts de
l'Ontario, Toronto, 1976.

Saint Mary's University Art Gallery
Ars Sacra ,77
Halifax, 1977.

Saladin d'Anglure, Bernard et al
La parole changée en pierre: Vie et oeuvre
de Davidialuk Alasuaq, artiste inuit du
Québec arctique
Gouvernement du Québec, Ministère des
Affaires culturelles, Direction générale du
patrimoine, numéro 11 dans le série, les
cahiers du Patrimoine.
Québec: l'Imprimerie Laflamme, 1978.

102

Swinton, George
'Eskimo Art Reconsidered'. *artscanada,*
162/163, 1971-1972, 85-91.

Swinton, George
Eskimo Sculpture ι Sculpture esquimaude
Toronto: McClelland and Stewart, 1965.

Swinton, George
Sculture of the Inuit
Toronto: McClelland and Stewart, 1972.

Tagoona, Armand
Shadows
Canada: Oberon Press, 1975.

The Upstairs Gallery
*Nancy Pukingrnak — Drawings and
Sculptures*
Winnipeg, 1976.

Vastokas, Joan M.
'Continuities in Eskimo Graphic Style'
artscanada, 162/163, 1971-1972, 69-83.

Wilford, Nigel
'Spence Bay: Whalebone Carvings',
North ι Nord
XXII, 2 (1974), 22-25.

Winnipeg Art Gallery and the Vancouver Art
Gallery
Baker Lake Drawings, Winnipeg, 1972.

Winnipeg Art Gallery
The Zazelenchuk Collection of Eskimo Art
Winnipeg, 1978.

Inuit Print Catalogues
Catalogues de l'estampe inuit

Baker lake
1970, 1971, 1972, 1973, 1974, 1976, 1977,
1978, 1979

Cape Dorset
1971, 1972, 1973, 1974, 1975, 1976, 1977,
1978, 1979

Holman
1970, 1972, 1973, 1974, 1975-1976, 1977,
1979

Pangnirtung
1973, 1975, 1976, 1977, 1978, 1979

Distributed by Canadian Arctic Producers
Limited, Ottawa (except for Cape Dorset
1975, 1976, 1977, 1978, 1979. Toronto:
M.F.Feheley Publishers)
Distribués par les producteurs de l'Arctique
canadien ltée, Ottawa (excepté Cape Dorset
1975, 1976, 1977, 1978, 1979. Toronto:
M.F.Feheley Publishers)

Arctic Quebec ι Nouveau-Québec
1972, 1973, 1973(2), 1974(2), 1975

Inoucdjouac
1976

Peter Morgan
1976

Povungnituk
1960-1970, 1972, 1973, 1975, 1976, 1977,
1978

Tivi Etook
1975, 1976, 1977, 1978

Distributed by ι Distribués par la Fédération
des Coopératives du Nouveau-Québec,
Montréal.

Lenders

Art Gallery of Greater Victoria

Canada Council Art Bank
Conseil des Arts du Canada, Banque d'oeuvres d'art

Canadian Ethnology Service, National Museum of Man,
National Museums of Canada
Service canadien d'Ethnologie, Musée national de l'Homme,
Musée nationaux du Canada

Canadiana Galleries, Edmonton

Department of Indian and Northern Affairs Canada
Ministère des Affaires indiennes et du Nord Canada

Gallery of the Arctic, Victoria

Holman Eskimo Co-operative Limited

The Innuit Gallery of Eskimo Art, Toronto

Gallery Moos, Toronto

Pangnirtung Eskimo Co-operative Limited

Prince of Wales Northern Heritage Centre, Yellowknife

Sanavik Co-operative Association Limited, Baker Lake

The Upstairs Gallery, Winnipeg

West Baffin Eskimo Co-operative Limited, Cape Dorset

Winnipeg Art Gallery

Origine des prêts

Lorne Balshine, Vancouver

Alistair & Betty Bell, Vancouver

Shelley Braemer, Winnipeg

Dr. & Mrs. David Brodovsky, Winnipeg

Harry Klamer family collection ı Collection de la famille
de Harry Klamer, Toronto

Ian Lindsay

Mr. & Mrs. John R.Murray, Winnipeg

Dr. & Mrs, R.M.Peet, Victoria

David Ruben Piqtoukun, Vancouver

Mr. & Mrs. Sam Sarick, Toronto

Vincent Tovell

Mr. & Mrs. Ira Young, Vancouver

Stanley & Jean Zazelenchuk

Private collections ı Collections particulières

Exhibition itinerary

104

Agnes Etherington Art Centre, Kingston, Ontario
8 July - 19 August 1979

Beaverbrook Art Gallery, Fredericton, New Brunswick
15 September - 21 October 1979

Nickle Art Museum, University of Calgary, Alberta
15 November - 22 December 1979

Art Gallery of Greater Victoria, Victoria, British Columbia
20 January - 2 March 1980

Art Gallery of Windsor, Windsor, Ontario
6 April - 4 May 1980

Itinéraire de l'exposition

Agnes Etherington Art Centre, Kingston, Ontario
8 juillet - 19 août 1979

Beaverbrook Art Gallery, Fredericton, Nouveau Brunswick
15 septembre - 21 octobre 1979

Nickle Art Museum, University of Calgary, Alberta
15 novembre - 22 décembre 1979

Art Gallery of Greater Victoria, Victoria, Colombie-Britannique
20 janvier - 2 mars 1980

Art Gallery of Windsor, Windsor, Ontario
6 avril - 4 mai 1980

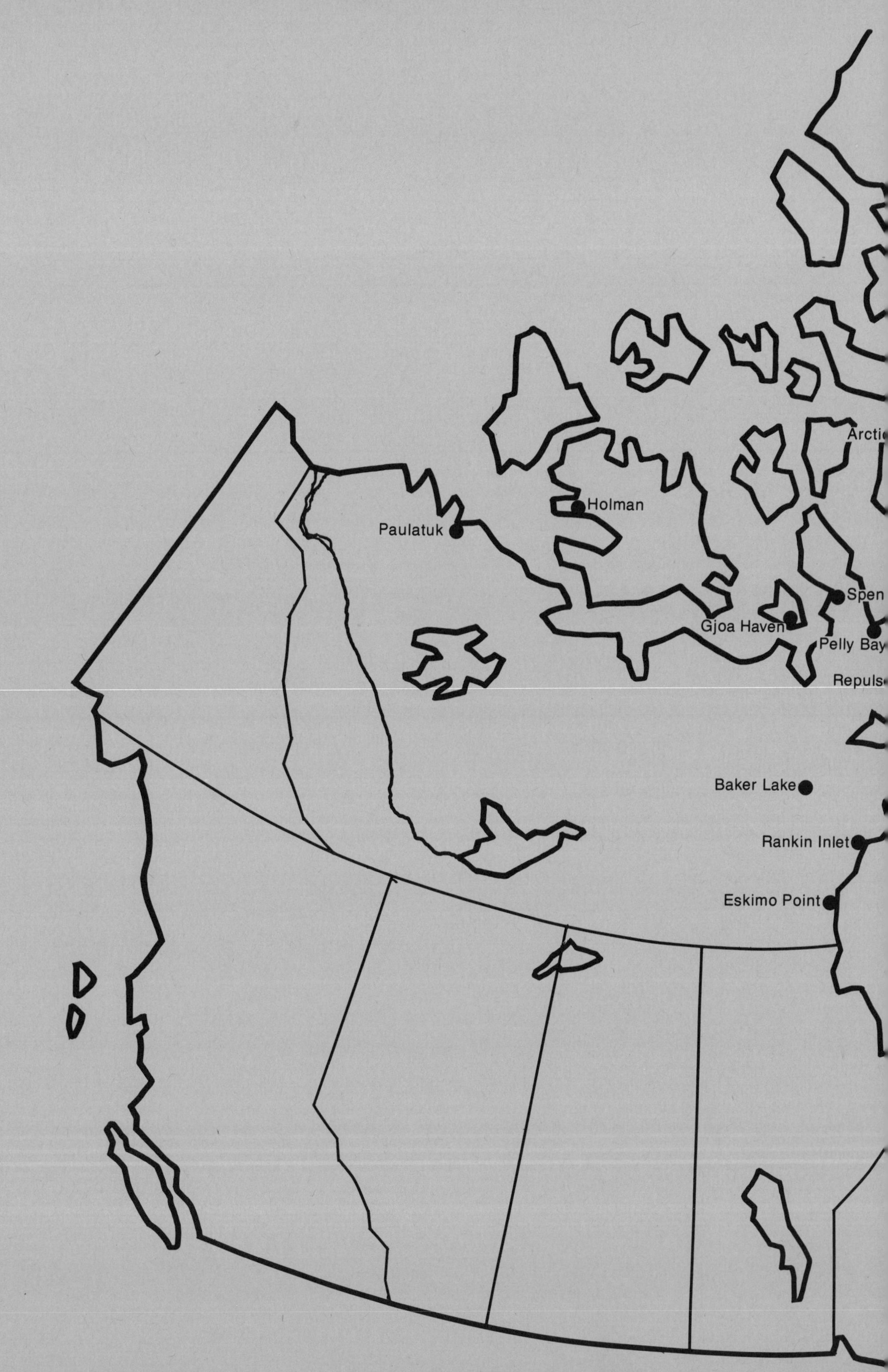

Arctic
Holman
Paulatuk
Spen
Gjoa Haven
Pelly Bay
Repuls
Baker Lake
Rankin Inlet
Eskimo Point